GUIDE DE L'AMATEUR

DE

LIVRES A VIGNETTES

TIRAGE.

15 exemplaires sur papier de Chine.

15 — sur papier Whatman.

520 — sur papier de Hollande.

550 exemplaires.

GUIDE DE L'AMATEUR

DE

LIVRES. A VIGNETTES

DU XVIIIᵉ SIÈCLE

CONTENANT

LA DESCRIPTION D'UN CHOIX DE PLUS DE 450 OUVRAGES
ILLUSTRÉS PAR BOUCHER, COCHIN,
GRAVELOT, EISEN, MOREAU, MARILLIER,
MONNET, LE BARBIER, ETC.,

AVEC LE DÉTAIL

Du nombre de figures, vignettes et culs-de-lampe
Contenus dans chacun d'eux,
Et les noms de tous les artistes qui y ont coopéré comme
Dessinateurs ou comme Graveurs

PAR

HENRY COHEN

PARIS

CHEZ P. ROUQUETTE, LIBRAIRE
85, PASSAGE CHOISEUL, 85

1870

PRÉFACE

—

SALUT à toi, dix-huitième siècle! siècle aimable, frivole, profond et savant : toi qui, né insouciant au sein des joyeux soupers qu'embellissaient toutes les séductions réunies, achevas le cercle de tes ans, grave, héroïque, régénéré par le souffle tout-puissant de la Liberté! Siècle qu'illustrèrent à l'envi les arts, les sciences et les travaux de la pensée; siècle sur lequel plana de toute la hauteur de son immense génie le grand philosophe, l'éminent poëte, le spirituel conteur, la terreur des fanatiques et le refuge des opprimés, à toi, salut!

Cet opuscule que je livre au public est un faible hommage rendu à ta mémoire. Et à une époque où de ton esprit fin et railleur, de tes mœurs aimables et faciles, de ton exquise urbanité, de ton caractère véritablement français, il ne reste plus absolument rien que

a

le souvenir; où les seuls talents en honneur sont la spéculation et l'intrigue, où le seul parfum apprécié est le tabac; où la jeunesse, déjà saturée à vingt ans d'absinthe et de baisers vénals, ne sait plus trouver de charmes que dans le débraillé du costume et du langage, je me plais à signaler et à arracher à leur retraite ces mille chefs-d'œuvre de dessin et de gravure où brillent la grâce, la poésie et l'inépuisable imagination de tes artistes, et qui feront l'ornement des bibliothèques des âges futurs comme ils font celui du nôtre.

O vous qui recherchez ces merveilleuses productions, donnez-leur la place d'honneur! Tenez-les « au plus haut anglet de votre librairie[1]! » Mais surtout préservez leurs pages voluptueuses, leurs délicates illustrations, leurs splendides reliures où se déploie l'art enchanteur des Derome, des Lortic, des Trautz-Bauzonnet et des Hardy-Mennil, du contact odieux de la nicotine qui jaunira leurs feuilles, ternira leurs dorures et leur imprimera le stigmate d'une odeur âcre et nauséabonde que jamais plus ni les soins ni le temps ne pourront effacer.

Passionné amateur de livres illustrés, mais ne sachant ni A ni B de la science bibliographique, j'ose malgré cela, moi qui ne me suis jusqu'à présent un peu fait connaître que comme musicien et comme numismate, venir solliciter un humble coin au foyer des bibliophiles, en appelant leur attention sur une certaine catégorie d'éditions que les Debure, les Brunet et autres

---

1. Préface du *Roman de la Rose*, par Clément Marot.

maîtres n'ont pas jugées dignes de coudoyer les incu-
nables, les Aldes, les Elzeviers et les Bodoni.

Déjà depuis plusieurs années le goût des livres à
figures a commencé à se répandre, à ce point même que
tel ouvrage qui ne se vendait qu'une quarantaine de
francs il y a trente ans se paye aujourd'hui trois, quatre et même cinq cents francs. Je ne veux pour témoins
que les *Chansons* de Laborde, les *Contes* de La Fontaine, de l'édition des fermiers-généraux, et les *Baisers*
de Dorat. Eh bien! malgré cela, aucun manuel, aucun
vade-mecum n'a surgi pour servir de guide aux amateurs. Tout ce que l'on trouve en fait d'indication dans
les ouvrages de Brunet et de Quérard, comme dans les
catalogues de vente, se borne à ces simples mots qui suivent la description typographique du livre : « avec figures », ou bien : « figures de Moreau ou d'Eisen; » dans
quelques cas rares, la désignation plus ou moins exacte
du nombre de figures, ou encore la mention qu'elles
existent avant la lettre. Mais jamais il n'est question
ni des fleurons, ni des vignettes, ni des culs-de-lampe[1];
jamais le nom du graveur n'est prononcé. Et cependant
de quelle importance la gravure n'est-elle pas dans une
estampe? De même qu'un mauvais chanteur peut gâ-

---

1. En style d'amateurs de livres illustrés, on appelle : frontispice, la planche qui est en tête d'un volume et qui assez souvent est allégorique; fleuron, la vignette qui est sur le titre,
quelquefois aussi les petites vignettes représentant des écussons
ou de simples ornements ; figures ou estampes, mais plus souvent figures, les grands sujets à page entière ; vignettes, les petits
sujets à mi-page; et culs-de-lampe les vignettes placées à la fin
des chapitres, des actes de pièces de théâtre, des chants de
poëmes, etc.

tér la plus belle composition musicale, un mauvais graveur peut faire tort à l'œuvre du plus habile dessinateur. Qu'on compare le burin si délicat et si fin de Ficquet, de Longueil, de Le Mire, avec celui de Fessard,
si lourd et si grossier, bien qu'il fût *graveur ordinaire
du roi*. C'est même la crainte de voir l'idée du maître
mal rendue qui est cause de l'importance extrême que
certains amateurs attachent aux eaux-fortes, qui n'ont
pourtant jamais le charme des gravures terminées,
quand elles le sont par un artiste de talent.

Le Manuel ou Catalogue raisonné que je présente au
public contient la description de plus de quatre cent
cinquante ouvrages illustrés, choisis entre ce que j'ai
trouvé de plus beau ou de plus intéressant parmi les
livres imprimés depuis 1700 jusqu'en 1800. On pourra
s'étonner que je n'aie pas cherché à décrire tous les ouvrages depuis le commencement de la gravure, mais
cela m'aurait entraîné trop loin et surtout complétement
détourné de mon but. Le véritable art du vignettiste
ne commence guère qu'avec Cochin et Boucher, c'est-
à-dire vers 1730. Les livres des premières années du
XVIIIe siècle sont dus à des artistes du XVIIe, tels
que B. Picart, Romain de Hooge, Coypel, et d'autres
peintres d'un talent indiscutable, mais généralement
sévère, et qui ne possédaient pas cette souplesse, ce fini,
cette afféterie même, — si l'on tient à se servir de ce
mot injuste, — dont Boucher a été le créateur, et que
poussèrent ensuite si loin Moreau, Eisen, Marillier et
Gravelot. Et cela est si vrai que Cochin lui-même,
qui, comme élève de son père, participait plus du
XVIIe siècle que Boucher, avait malgré tout son

talent une certaine roideur dont il n'a presque jamais
su se départir complétement, et qui fait qu'aujourd'hui
où les artistes que je viens de nommer sont en si haute
faveur, Cochin n'est pas le préféré, quoiqu'il leur soit
peut-être supérieur. J'aurais donc rigoureusement dû
ne commencer la recherche des éditions illustrées du
XVIII° siècle qu'à partir de l'époque que j'ai mentionnée. Et j'ose croire qu'à part certains ouvrages
d'une réputation faite ou d'une beauté reconnue, tels que
les Amours de Daphnis et Chloé, avec les dessins du
Régent, l'Histoire du Vieux et du Nouveau Testament,
de Mortier, et quelques autres qu'on trouvera dans ce
catalogue, la majorité des amateurs ne me saura pas
très-mauvais gré d'avoir omis des livres dont les gravures sont d'un genre si différent de celui qui lui a
succédé et qui réunit la finesse et la grâce à la belle
exécution.

Je vais maintenant expliquer le plan que j'ai suivi
et dont je me suis bien rarement écarté.

J'ai décrit :

1° Les livres français ou étrangers imprimés et illustrés en France;

2° Les livres français imprimés et illustrés à l'é-
tranger ;

3° Les livres étrangers imprimés à l'étranger, mais
illustrés par des artistes français : tels sont l'Arioste
de Birmingham et le Shakespear d'Oxford;

4° Dans quelques cas rares et exceptionnels j'ai admis, lorsqu'ils sont très-beaux, des livres tout à fait étrangers, tels que le *Numismata* de Valcavi;

5° Enfin je me suis attaché à donner avec la plus scrupuleuse exactitude, sauf les erreurs inévitables dans ce genre de détails, le nombre de figures, vignettes et culs-de-lampe qui se trouvent dans chaque ouvrage, et les noms de tous les artistes dessinateurs et graveurs qui y ont coopéré.

Dans mon choix de livres j'ai toujours donné la préférence aux œuvres littéraires sur les œuvres scientifiques, et supprimé le plus possible ce qui ne fait pas partie du bagage des ouvrages illustrés proprement dits, comme les œuvres de Buffon, l'Antiquité expliquée du père Montfaucon, etc.

Les éditions Cazin, quoique toujours jolies, ne seront pas très-souvent citées dans ce recueil, d'abord parce que beaucoup d'entre elles n'ont rien qu'un portrait ou un frontispice, et ensuite parce que les figures qui les ornent sont fréquemment des réductions de figures plus grandes, qui se trouvent dans des éditions antérieures. Mais j'ai à m'expliquer sur l'admission dans ce catalogue de quelques livres *d'une certaine description*, comme diraient nos voisins les Anglais. Les austères trouveront que j'en ai trop donné et les voluptueux que je n'en ai pas donné assez. Ma réponse à leurs réclamations est celle-ci : de même que la loi est athée, l'art est sans préjugés; et si Carrache, Gravelot, Borel, Eluin, comme graveur, et Binet ont mis le même soin et se sont autant distingués dans leurs compositions libres que dans les autres, je n'ai vu aucun motif pour

les exclure. Mais lorsque d'inhabiles crayonneurs n'ont
employé leur temps qu'à représenter sans talent, sans
esprit, sans grâce, et souvent sans possibilité d'exécution, les scènes luxurieuses de romans érotiques, j'ai im-
pitoyablement retranché leurs viles productions de la
liste des ouvrages illustrés, quel que puisse être, dans
leur genre spécial, le mérite de ces romans. C'est donc
en vain qu'on y chercherait *Justine* (même celle de l'édition Cazin), *la Philosophie dans le boudoir, le Rideau
levé*, et cent autres productions, libres ou chastes, mais
mal ornées. En un mot, je décris les livres à *figures* et
non les livres à *images*.

L'ordre alphabétique étant la plus simple et la plus
commode de toutes les classifications, c'est lui que
j'ai adopté. Je n'ai pas jugé à propos de parler du prix
des ouvrages : car il n'y a pour ainsi dire plus de prix
courants dans le commerce de la librairie dès qu'il
s'agit de livres rares, curieux ou artistiques; et quant
à ceux des ventes publiques, ils ne pourraient servir
qu'à démontrer le plus ou moins de bonheur qui a pré-
sidé à telle ou telle vente et le plus ou moins de fortune
ou de caprice des amateurs qui y ont assisté. Mais il
est un genre de mérite particulier aux livres à figures
qui en augmente le prix dans des proportions incalcu-
lables : je veux parler des épreuves avant la lettre.
Ainsi un *Molière* de Bret en parfaite condition, superbes épreuves, reliure ancienne en maroquin rouge,
se vendra de quatre cents à cinq cents francs; un autre
avec les figures avant la lettre se payera de mille cinq
cents à deux mille francs. Certes, sans parler de leur rareté, il y a souvent une différence très-marquée entre

les épreuves avant la lettre et les plus belles épreuves
avec la lettre. Mais comme il arrive quelquefois que
des épreuves avant la lettre ne sont pas parfaitement
venues, et que d'un autre côté il se trouve des exemplaires dans lesquels ont été placées les premières
épreuves tirées avec la lettre, il m'a toujours semblé que
la différence entre les unes et les autres est souvent la
même qu'entre le dernier rang des fauteuils d'orchestre,
qui se paye douze francs, et le premier du parterre, qui
n'en coûte que cinq.

Je sais mieux que personne tout ce qu'il y a d'im-
parfait dans ce premier essai sur les livres illustrés
du XVIIIᵉ siècle. Ainsi, j'aurais pu en donner un
plus grand nombre ; j'aurais pu entrer dans plus de détails sur ceux qui ont des figures avant la lettre ou qui
sont imprimés sur plusieurs papiers différents ; j'aurais
pu m'attacher davantage aux eaux-fortes et aux dessins originaux. Mais tel qu'est cet opuscule, j'ose espé-
rer qu'il pourra être de quelque utilité ; et si MM. les
amateurs veulent bien considérer l'extrême difficulté
qu'a dû présenter la rédaction d'un genre de catalogue
qui n'a pas de précédents, et auquel je ne pouvais con-
sacrer que les heures que mes autres travaux me lais-
saient de libres, ils m'excuseront j'espère de n'avoir pas
mieux fait et m'encourageront à le perfectionner plus
tard.

Reconnaissance illimitée envers M. Richard, conservateur adjoint à la Bibliothèque impériale, pour son
extrême obligeance, unie à sa profonde science des
livres. Vifs remerciements à M. Joseph Combaz, du
département des imprimés, à M. Duplessis, du dépar-

tement des estampes à la même administration, ainsi qu'au savant conservateur de la bibliothèque de l'Arsenal, M. Paul Lacroix, pour l'aide qu'ils m'ont bien voulu fournir dans mes recherches; à M. Durand, enfin, ce libraire si parfaitement versé dans la connaissance des figures qui ornent les livres du siècle dernier. et à M. Rouquette, qui a eu assez de confiance en mon faible savoir pour ne pas reculer devant la publication de ce travail.

Des erreurs devant nécessairement s'être glissées dans la première rédaction de ce travail, je serai très-reconnaissant à MM. les Bibliophiles et amateurs pour toutes les rectifications qu'ils voudront bien m'indiquer. En conséquence, ces rectifications, auxquelles j'ajouterai un certain nombre d'ouvrages dont il n'a pas été fait mention dans ce Guide, formeront un supplément qui paraîtra d'ici à quelque temps.

LISTE

DES

ARTISTES NOMMÉS DANS CE GUIDE

D *signifie Dessinateur ou Peintre,* G *Graveur.*

J'ai rétabli de mon mieux, mais sans vouloir en assumer aucune responsabilité, l'orthographe des noms des artistes, qui varie constamment au bas des planches. Ainsi l'on voit indistinctement Legrand et Le Grand ; Freudeberg et Freudemberg ; Lafosse et Delafosse ; Aliamet et Alliamet ; Ponce et Pons, etc. Cette négligence et cette insouciance des artistes est poussée parfois à un point inconcevable. Ainsi l'on sait que lorsque le nom est tracé à la pointe, c'est en quelque sorte la signature de l'artiste même. Eh bien, il existe des estampes de Monsiau dont le nom est écrit Moncieau à la pointe.

A		Arrivet.	G.	B	
		Aubert.	G.		
Alard.	G.	Audran.	G.	Bailleul.	D.
Aliamet.	G.	Aveline.	G.	Baptist.	G.
Alix.	G.			Baquoy I[1].	G.

1. Lorsque deux noms semblables sont suivis de l'indication I ou II, ce sont des artistes différents, soit le père et le fils, soit de simples homonymes. Le nom de Baquoy I, sans doute père de Baquoy II, est écrit Bacquois dans le Télémaque de 1731.

1. Dans l'ignorance où je suis si ce Bertaux est le même que Duplessis-Bertaux, je mets les noms des deux.

2. Je crois que Bretin est le même que Bertin.

1. Par suite de la négligence des artistes que j'ai signalée ci-dessus, beaucoup de ces noms sont écrits indifféremment Lemire et le Mire, Leveau et Le Veau, etc. J'espère en conséquence qu'on ne me fera pas de chicane si j'ai également écrit leurs noms tantôt d'une façon, tantôt d'une autre, d'autant plus que souvent je n'ai pas su en découvrir la véritable orthographe.

Texier.	G.	Vandyk.	D.	Voysard.	G.
Texin.	G.	Van Gunst.	G.	Vranen.	G.
Thiébault (Mme É-lisabeth).	G.	Vanloo.	D.		
		Vanvillé.	G.		
Thomas.	G.	Varin.	G.	**W**	
Thomassin.	D. G.	Vassé.	D.		
Tideman.	D.	Vendôme (Mlle).	G.		
Tierce.	D.	Vény.	G.	Wandelaar.	D. G.
Tilliard.	G.	Vespré.	D.	Watelet.	G.
Touzé.	D.	Vidal.	G.	Weisbrod.	G.
Trière.	G.	Viguet.	G.	Wieilh.	G.
		Villerey.	G.	Wille.	D.
V		Vinkeles.	G.	Witt. (de).	D.
		Vivien.	D.		
Vaisard.	D.	Vivier.	G.		
Valnet (de).	G.	Vleughels.	D.	**Z**	
Van Audenaert.	D. G.	Voyez.	G.		
Van Buysen.	G.	Voyez l'aîné ? (le même que le pré-cédent).	G.	Zentner.	G.
Van der Gouwen.	G.			Zocchi.	D.
Van der Plaes.	D.				

GUIDE DE L'AMATEUR

DE

LIVRES A VIGNETTES

A

ESCHYLE. *Théâtre* d'Æschyle, traduit en françois avec des notes philologiques et deux discours critiques par F. J. G. de la Porte du Theil. Paris, imprimerie de la République, an III (1795). 2 vol. in-8, texte grec et français en regard. — 7 figures assez jolies, dont la dernière seule, qui est signée, porte : Gauffier del. F^me Jourdan sculp.

Très-belle édition, qui existe aussi en papier vélin.

Almanach littéraire, ou Étrennes d'Apollon. A Athènes et à

Paris, veuve Duchesne. Petit in-12. Je ne connais que les volumes suivants qui aient des figures :

1777. Frontispice par Eisen, gravé par Lingée ;
1789.   —   par Marillier, gravé par de Ghendt;
1790.   —   Id.,   id.
1791.   —   charmant, non signé, probablement par Marillier;
1792.   —   par Marillier, gravé par de Ghendt.

Amours (Les) de Mirtil. Constantinople, 1761. In-8. — Titre gravé, avec fleuron et 6 très-jolies figures par Gravelot, gravées par Legrand.

ANACRÉON. *Odes,* inscriptions, épitaphes, épithalames et fragments d'Anacréon traduits en français, etc., par le Cen Gail, etc. Ouvrage orné de gravures. Paris, Didot l'aîné, l'an IIe de la République française, 1794. In-18. — 4 figures dont les deux 1res sont dessinées et gravées par Quéverdo, la 3e terminée par Gaucher, et la 4e dessinée par Quéverdo et gravée par Gaucher.

ANACRÉON, Sapho, Bion et Moschus, traduction nouvelle en prose, suivie de la *Veillée des fêtes de Vénus* et d'un choix de poésies de différents auteurs, par M. M*** C*** (Moutonnet Clairfond). Paphos, et se trouve à Paris, Bastien, 1772. Grand in-8. — 2 figures par Eisen, gravées par Massard et Duclos; 9 vignettes et 9 culs-de-lampe par Eisen, gravés par Massard. Il en existe avant la lettre.

Une réimpression a été faite in-4 en 1780. Les épreuves sont fatiguées.

AQUIN (D') de Château Lyon. *Contes*, mis en vers par un petit-cousin de Rabelais. Londres et Paris, Ruault, 1775. In-8. — Un titre gravé, orné d'un très-joli fleuron, et une belle figure par Eisen, gravée par de Launay.

ARÉTIN. *L'Arétin françois*, par un membre de l'Académie des dames. Londres (Paris), 1787. In-18. — Un frontispice et 17 figures érotiques par Borel, gravés par Eluin, non signés.

Il existe des exemplaires tirés sur format in-8, en grand papier vélin. Cet ouvrage doit être suivi de :

Les *Épices de Vénus*, ou pièces diverses du même académicien. Londres (Paris), 1787. — Une figure par Borel, gravée par Eluin, non signée.

On connaît une copie très-remarquable de ces deux ouvrages, qui forment un seul volume ; les figures, presque aussi belles que dans l'édition originale, mais retournées, sont toutes entourées d'un encadrement composé d'attributs des deux sexes. Outre le frontispice de l'édition citée plus haut, le titre, qui est gravé et qui est orné d'une tête fantastiquement construite avec des attributs du sexe masculin, porte : « L'Arétin françois, par un membre de l'Académie des dames. » Pour épigraphe, comme sur le titre original : « J'appelle un chat un chat et Rollet un fripon. Boileau. » Et au bas : « Imprimé cette année, à mes dépens. »

Cette copie est très-rare : le seul exemplaire que j'en aie vu est en grand papier vélin, et appartient à M. H..., possesseur d'une bibliothèque spéciale, exclusivement composée de livres rares, uniques, d'une perfection irréprochable, et revêtus de reliures extraordinaires.

— *L'Arétin d'Auguste Carrache*, ou recueil de postures érotiques, d'après les gravures à l'eau-forte de cet artiste célèbre,
avec un texte explicatif des sujets. A la Nouvelle Cythère
(Paris, P. Didot), 1798. Grand in-4. — 20 planches gravées
par Coiny. C'est le plus artistique des livres érotiques.

Rare, surtout avec les figures avant la lettre.

ARGENVILLE (D') DEZALLIER. *Abrégé de la vie des plus
fameux peintres*, avec leurs portraits gravés en taille-douce, les
indications de leurs principaux ouvrages, etc., par M..., des
Sociétés royales des sciences de Londres et de Montpellier.
Paris, Debure, 1762. 4 vol. in-8. — 3 vignettes et 254 portraits ou cadres pour les portraits, mais dont plusieurs n'ont
jamais été faits, et dont en général l'exécution est plus que
médiocre.

ARIOSTE. *Orlando furioso* di Lodovico Ariosto. Birmingham, Baskerville, 1773. 4 vol. grand in-8. — Un portrait
par Eisen, gravé par Ficquet, et 46 figures par Cipriani, Cochin, Eisen, Greuze, Monnet et Moreau, gravées par Bartolozzi, Choffard, Duclos, de Ghendt, Helman, Henriquez, de
Launay, de Longueil, Martini, Massard, Moreau, Ponce, Prévost et Simonet.

Très-belle édition. Il en existe des exemplaires, très-rares,
avant la lettre. Cent exemplaires ont été tirés sur grand papier,
mais les épreuves y sont moins belles que celles du papier
ordinaire.

— *Roland furieux*, poëme héroïque de l'Arioste, traduction
nouvelle par M. d'Ussieux. Paris, Brunet, 1775-1783. 4 vol.
in-8. — Le même portrait que dans l'édition italienne et 92 fi-

gures, dont 44 de l'édition italienne et 48 figures nouvelles par Cochin et Moreau, gravées par de Launay, Lingée et Ponce.

Les estampes faites exprès pour cette traduction sont admirables, surtout celles qui ont été tirées pour l'in-4. Elles existent avant la lettre, très-rares ; mais les figures de l'édition italienne y sont moins bonnes, ce qui se comprend, puisqu'elles sont d'un tirage postérieur. Dans l'édition in-4, la nouvelle suite de figures est ornée d'un grand cadre qui entoure chacune d'elles. Il faut remarquer que dans l'édition française 46 figures de l'ancienne suite sont de Cochin et 2 de Moreau. Ces deux dernières ont été faites pour remplacer celles du cinquième et du douzième chant de l'édition italienne, qui ne sont pas bonnes, et font véritablement tache à l'ensemble de cet ouvrage.

ARNAUD (J. Baculard d'). *Les Amans malheureux,* ou le Comte de Comminges, drame en trois actes et en vers. La Haye et Paris, L'Esclapart, 1764. In-8. — Une figure par Restout, gravée par Saint-Aubin, avant toutes lettres.

Ce drame a été réimprimé en 1768 chez Le Jay, à Paris, avec la même figure, mais avec la lettre et les noms d'artistes.

— *Euphémie,* ou le Triomphe de la Religion, drame par M. d'Arnaud. Paris, Le Jay, 1768. In-8. — Une figure par Restout, gravée par Saint-Aubin.

— *Fayel,* tragédie par M. d'Arnaud. Paris, Le Jay, 1770. In-8. — Une figure non signée, assez médiocre.

— *Mérinval,* drame par M. d'Arnaud. Paris, Le Jay, 1774. In-8. — 1 figure par Eisen, gravée par de Longueil.

— *Lamentations de Jérémie,* odes par M. d'Arnaud. Nouvelle

édition. Paris, Le Jay, 1769. In-8. — 1 figure par Eisen, gravée par Massard.

— *Les Épreuves du sentiment*, par M. d'Arnaud. Paris, Delalain, 1775. 3 volumes in-8. — 16 figures, 16 vignettes et 16 culs-de-lampe par Eisen et Marillier, gravés par Binet, de Ghendt, Halbou, de Launay, Lingée, Longueil, Macret, Née et Ponce.

Ces volumes contiennent les nouvelles suivantes en réimpressions pour la plupart, à moins que les titres ne soient nouveaux; mais comme les illustrations sont de la plus grande beauté, il est important de se procurer les premières éditions dont je donne ici la date, afin d'être sûr d'avoir les plus belles épreuves.

> Tome I. — Fanny, 1767 ? — Lucie et Mélanie, 1767. — Clary, 1767. — Julie, 1767. — Nancy, 1767. — Batilde, 1768.
> Tome II. — Anne Bell, 1769. — Sélicourt, 1769. — Sidney et Volsan, 1770. — Adelson et Salvini, 1772. — Sargines, 1772.
> Tome III. — Zénothémis, 1773. — Bazile, 1773. — Lorezzo, 1775. — Liebman, 1775. — Rosalie, 1775.

— *Suite des Épreuves du sentiment*, par M. d'Arnaud. Paris, Delalain, 1775-1776. 3 vol. in-8. — 11 figures, 11 vignettes et 11 culs-de-lampe, par Marillier et Lebarbier, gravés par Delaunay jeune, Fessard, de Ghendt, Godefroy, Halbou, Legrand, Maillard et Texier.

De même que pour les *Épreuves du sentiment*, je donne la première date de toutes ces nouvelles, qui ont paru séparément.

> Tome I. — Ermance, 1775. — D'Almanzi, 1776. — Pauline et Suzette, 1777. — Makin, 1777. — Germeuil, 1777.

Tome II. — Daminville, 1778. — Henriette et Charlot, 1779. — Valmiers, 1779. — Amélie, 1780.

Tome III. — Livermond? — Le Comte de Gleisheim?

— *Nouvelles historiques*, par M. d'Arnaud. Elles ont été réunies en trois volumes in-8, qui contiennent les nouvelles suivantes :

Tome I. — *Salisbury.* Paris, Delalain, 1774. — 1 frontispice, 1 figure, 1 vignette et un très-beau cul-de-lampe par Eisen, gravés, le frontispice par Longueil, la figure par Née, la vignette et le cul-de-lampe par Helman.

— *Varbeck*[1]. 1774.— 1 fig., 1 vign. (très-belle) et un cul-de-lampe par Eisen, gravés par Née.

— *Le Sire de Créqui.* 1776. — 1 fig., 1. vign., 1 cul-de-lampe par Eisen, gravés, la figure par Delaunay le jeune, la vignette et le cul-de-lampe par Née.

La figure et le cul-de-lampe sont des plus remarquables.

Tome II. *Le Prince de Bretagne.* 1777. — 1 fig., 1 vign., 1 cul-de-lampe par Marillier, gravés par Lingée.

— *La Duchesse de Châtillon.* 1780. — 1 fig. par Le Barbier, gravée par Ponce, 1 vignette et 1 cul-de-lampe par Marillier, gravés par Fessard et Halbou.

— *Le Comte de Strafford.* 1781. — 1 fig. par Le Barbier, gravée par Halbou, 1 vign. et 1 cul-de-lampe non signés, mais probablement par les mêmes.

— *Les Époux malheureux*, ou Histoire de monsieur et madame de*** (Labédoyère). Paris, 1783. 2 vol. in-8. — 19 figures par Eisen, gravées par Guttenberg et Monnet. La plupart ne portent ni le nom du dessinateur ni celui du graveur.

---

1. Je n'ai pas cru devoir répéter « Paris, Delalain », qui se trouve à chaque nouvelle.

B

BARTHE. *Les Amans malheureux*, ou le Comte de Comminges, drame, par M. Barthe. Amsterdam et Paris, L'Esclapart, 1765. In-8. — 1 figure par Marillier, gravée par Massard.

— *Lettre de l'abbé de Rancé* à un ami, écrite de son collége de la Trappe, par M. Barthe. Genève et Paris, Duchesne et Panckoucke, 1765. In-8. — 1 fig., 1 vign. et 1 cul-de-lampe par Eisen, gravés par Longueil.

BASAN. *Collection de cent vingt estampes* gravées d'après les tableaux et dessins qui composoient le cabinet de M. Poullain, receveur général des domaines du roi, décédé en 1780, etc., exécutées sous la direction du sieur Fr. Basan, graveur, etc. Le sieur Moitte, peintre, en avait fait les dessins d'après les tableaux avant la mort de ce célèbre amateur. Paris, Basan et Poignant, 1781. In-4. — Les noms des auteurs des tableaux et des dessins se trouvant en tête du volume, je ne donnerai que les noms des graveurs.

Le premier titre est de Choffard; le deuxième de Lebrun, gravé par Dambrun. Plusieurs des estampes ne portent pas de nom de graveur, mais paraissent être de l'un des graveurs dont les noms suivent :

Alix, Barns, Bertaux (eaux-fortes), Blot, Borgnet, Bretin, Brichet, Château, Chatelain, Colibert, Couché (eaux-fortes), Dambrun, Delaunay jeune, Delignon, Demoulins, Dequevau-viller, Garreau, Godefroy, Goumas, Guttenberg, Guyot, Halbou, Hemery, Hubert, Legrand, Leveau (gravures et eaux-fortes), Mme Lingée, de Longueil, Macret, Maleuvre, Martini, Mathieu, Michel, Moitte, Patas, Ponce, Mme Ponce, Mlle Riollet, Schulze, Stagnon, Le Tellier, Voyes, Weisbrod (grav. et eaux-fortes) et Zentner. (Le nom au bas de la planche 102, qui est une eau-forte, paraît être Piquenot.)

Très-beau recueil.

— *Recueil d'estampes* gravées, d'après les tableaux du cabinet de monseigneur le duc de Choiseul, par les soins du sieur Basan. 1771. In-4. — Contenant un titre par Choffard, une dédicace gravée, un portrait du duc de Choiseul, non signé, une description des tableaux en douze planches gravées et 128 planches. Les numéros 68, 69, 76, 78 et 101 y sont doubles; ces doubles étant marquées d'une étoile, le numérotage ne va que jusqu'à 123. Les planches sont gravées par :

Baquoy, Binet, Daudet, Delvaux, Dunker (eaux-fortes), Germain, Guttenberg, Halbou, Ingouf, Jeanne, de Launay, Lebas, Levesque, Liénard, Lingée, Maillet, Maleuvre, Martini, Masquelier, Massart, Parizeau, Patas, Ponce, Pruneau, Romanet Rousseau, Saint-Aubin, Vény, Weisbrod, Wieilh, et un grand nombre par des graveurs qui n'ont pas signé, mais qui paraissent être les mêmes que les précédents.

— *Dictionnaire des graveurs* anciens et modernes, depuis l'origine de la gravure, par F. Basan, graveur; seconde édition, mise par ordre alphabétique, considérablement augmentée et ornée de cinquante estampes par différents artistes célèbres, ou sans aucune, au gré de l'amateur. — Paris, 1789. 2 vol. In-8.

Je n'entre dans aucun détail sur les noms des dessinateurs et des graveurs de ces estampes, parce que toutes sont prises d'autres ouvrages. Quant à celui-ci, il est très-utile et extrêmement intéressant.

La gravure du conte « le Rossignol », tome II, p. 89, par Picart, est très-originale et très-spirituelle.

BASTIDE. *Le Dépit et le Voyage*, poëme avec des notes, suivi des Lettres Vénitiennes. Londres et Paris, Costard, 1771. Grand in-8. — 6 figures par Desrais, gravées par Chatelain et Sailliard.

BATTEUX. *Les Quatre Poétiques* : d'Aristote, d'Horace, de Vida, de Despréaux, avec les traductions et des remarques par M. l'abbé Batteux. Paris, Saillant et Nyon, Desaint, 1771. 2 vol. in-8. — Un superbe frontispice par Cochin, gravé par Aug. de Saint-Aubin.

BEAUHARNAIS (Comtesse de). *Mélanges* de poésies fugitives et prose sans conséquence, par madame la comtesse de ***. Amsterdam et Paris, Delalain. 1776. 2 vol. in-8. — 2 frontispices par Marillier, gravés par Née, et 2 figures par le même, gravées par de Ghendt et Ponce.

Ce livre existe en grand papier.

— *Volsidor et Zulménie*, conte pour rire, etc. Ce conte forme le second volume de l'ouvrage précédent.

BEAUMARCHAIS (Caron de). *Eugénie*, drame en cinq actes, en prose, enrichi de figures en taille-douce, avec un Essai sur le drame sérieux, par M. de Beaumarchais. Paris,

Merlin, 1767. In-8. — 5 figures par Gravelot, gravées par Duclos, Levasseur, Leveau, Masquelier et Née.

— *La Folle Journée*, ou le Mariage de Figaro. Comédie en cinq actes, en prose, par M. de Beaumarchais. Au Palais-Royal, Ruault, 1785. In-8 — 5 figures par Saint-Quentin, gravées par Halbou, Liénard et Lingée, et plus tard, mais moins bien, par Malapeau et Roi.

Il existe des éditions en grand papier, très-rares, du premier tirage, où les figures sont avant la lettre et ornées de jolis cadres.

BEAUMARCHAIS (De la Barre de). *Le Temple des Muses*, orné de LX tableaux où sont représentés les événements les plus remarquables de l'antiquité fabuleuse, dessinés et gravés par B. Picart le Romain et autres habiles maîtres, et accompagnés d'explications et de remarques, etc. Amsterdam, Zacharie Châtelain, 1733. In-folio. — Outre ces 60 figures, il s'y trouve un fleuron sur le titre et une vignette à écusson par B. Picart.

Ces figures sont pour la plupart des copies de celles de l'édition de 1665.

BENOIST (Mme). *Sophronie*, ou Leçon prétendue d'une femme à sa fille, par Mme Benoist. Londres et Paris, Ve Duchesne, 1767. In-8°. — 1 figure par Greuze, gravée par Moreau, très-belle.

BERNARD. *L'Art d'aimer*, poëme en 3 chants, par Bernard. Paphos, 1775. In-8. — 1 frontispice et 3 figures par Martini, gravés par Baquoy, Gaucher et Patas.

Les estampes sont médiocres.

— *Phrosine et Mélidore,* poëme en quatre chants. Messine et Paris, Lejay, 1772. In-8. — 4 figures par Eisen, gravées par Baquoy et Ponce. Il en existe des exemplaires en grand papier.

Les illustrations ne sont pas les meilleures d'Eisen.

— *Œuvres complètes* de Bernard. Londres (Paris, Cazin), 1777. In-24? — Une charmante figure de Marillier, gravée par Delaunay, à la date de 1781.

Sur certains exemplaires la figure est du premier chant, sur d'autres du second. Celle qui appartient au premier n'est pas signée.

— *Œuvres* de P. J. Bernard, ornées de gravures d'après les desseins (*sic*) de Prudhon ; la dernière estampe gravée par lui—même. Paris, Didot l'aîné, 1797. In-fol. — 4 figures par Prudhon, gravées, sauf la dernière, par Beisson et Copia. Papier vélin.

Il faut choisir les gravures avant la lettre.

BERQUIN. *Idylles,* par M. Berquin. Paris, Ruault, 1775. 2 vol. in-16. — 1 frontispice dessiné et gravé par Marillier et 24 figures d'une grâce ravissante par Marillier, gravées par Gaucher, de Ghendt, le Gouaz, de Launay, Lebeau, Masquelier, Née et Ponce.

(Il y a une édition de 1789 in-18. — 4 figures par Moreau et Vernet.)

— *Romances,* par M. Berquin. Paris, Ruault, 1776. Petit in-8. — 1 frontispice et 3 charmantes figures par Marillier, gravées par Delaunay jeune et Ponce.

— *Romances,* par Berquin. De l'imprimerie de Monsieur.

1788. In-18. — 10 figures par Borel, gravées par Dambrun, Delignon, Guttenberg, Huber, de Longueil et Petit, et 30 planches de musique, bien mieux gravées que tout ce que l'on fait aujourd'hui.

Pygmalion, scène lyrique, de M. J. J. Rousseau, mise en vers par M. Berquin, le texte gravé par Drouët. Paris, 1775. Grand in 8 de 20 pages, compris la préface. — Titre gravé et 6 vignettes charmantes par Moreau, gravées par De Launay et Ponce.

L'exemplaire de la Bibliothèque impériale fait suite à l'ouvrage suivant, avec lequel il est relié :

— Idylle, par M. Berquin. Sans date. Grand in-8 de 8 pages, texte gravé. — 1 vignette et un cul-de-lampe par Marillier, gravés par Gaucher.

L'idylle est : le vieillard Lamon, Lysis et sa femme.

BIÈVRE (Le marquis de). Lettres écrites à Madame la comtesse Tation par le sieur de Blois-Flotté, étudiant en droit-fil. Ouvrage traduit de l'anglois. Quatrième édition, augmentée de plusieurs notes d'infamie. Amsterdam (Paris), aux dépens de la compagnie des perdreaux, 1770. In-8. Une figure par Dienkerpergh, gravée par Clouk, et une vignette non signée.

— Vercingentorixe, tragédie. Œuvre posthune du sieur de Bois-Flotté, étudiant en droit fil, suivie de notes historiques de l'auteur. (Paris), 1770. In-8. Une figure non signée.

BILLARDON DE SAUVIGNY. Histoire amoureuse de Pierre Le Long et de sa très-honorée dame Blanche Bazu, écritte par iceluy. A Londres (Paris), 1765. In-12. Titre gravé avec fleuron, représentant les deux bustes accolés de Pierre et de

Blanche, un frontispice avant la lettre et trois vignettes à l'eau-forte, non signées.

Ce roman a paru plus tard sous le titre de :

— *L'Innocence du premier âge* en France. Chés Ruault, à Paris, 1774. In-8. — Le même titre gravé, le même fleuron avec la légende : Pierre et Blanche; le même frontispice avec la lettre et les 3 mêmes vignettes terminées.

Ce roman est suivi de :

— *La Rose*, où la fête de Salency. (Paris, sans titre; le privilége général porte la date de 1778). In-8. — Un très-beau frontispice par Greuze, gravé par Moreau.

Et de : — *La Cour d'amour*, qui n'a pas de figures.

— *Le Parnasse des dames*. Paris, Ruault, 1773. 9 vol. in-8. — 5 titres gravés, un frontispice et 15 vignettes dont 8 avec les portraits de Sapho, Marguerite de Navarre, Louise Labé, Mme Desroches, la comtesse de la Suze, Mlle de Scudéri, Mme et Mlle Deshoulières, et Mlle Chéron, 2 avec des sujets et 5 avec de simples noms, par Marillier, gravées par Ponce.

Le frontispice manque dans beaucoup d'exemplaires. Chaque volume a un titre gravé, mais il n'y en a que cinq de différents. Toutes les illustrations sont charmantes.

— *Les Après soupers de la société*, petit théâtre lyrique et moral sur les aventures du jour. Paris, chez l'auteur, 1782-1783. 6 vol. in-18. — 28 figures, vignettes ou frontispices, par Binet, Eisen et Martinet, gravés par Berthet, Girauld le jeune, de Launay, de Longueil, Martinet et Massard.

BION ET MOSCHUS. *Idylles* de Bion et Moschus, traduites en français par J. B. Gail, etc. Ouvrage orné de figures dessinées par le Barbier. Didot jeune, l'an troisième (1795).

In-8, papier vélin. — 1 portrait et 4 figures par Le Barbier, gravés par Dambrun, Delignon et Gaucher.

Il faut prendre les exemplaires avec figures avant la lettre.

BITAUBÉ. *Joseph*, par M. Bitaubé, de l'Académie roy. des sciences, etc., quatrième édition. Paris, Didot l'aîné, 1786. In-8. — Portrait par Cochin, gravé par Saint-Aubin, et 9 figures par Marillier, gravées par Née.

Il en existe sur papier vélin.

BLIN DE SAINMORE. *Joachim*, ou le Triomphe de la piété filiale, drame en trois actes et en vers, suivi d'un choix de poésies fugitives, par M. Blin de Sainmore. Amsterdam et Paris, Delalain, etc., 1775. In-8. — 1 figure par Marillier, gravée par Duflos jeune.

— *Lettre de Biblis à Caunus* son frère, précédée d'une lettre à l'auteur, par M. Blin de Sainmore. Paris, Sébastien Jorry, 1765. In-8. — 1 figure par Gravelot, gravée par Aliamet; 1 vignette et 1 cul-de-lampe par Eisen, gravés par Longueil.

La vignette et le cul-de-lampe sont meilleurs que la planche principale.

— *Lettre de Gabrielle d'Etrées à Henri IV*, précédée d'une épître à M. de Voltaire et de sa réponse, par M. Blin de Sainmore. Paris, Sébastien Jorry, 1766. In-8. — 1 figure, 1 vignette et 1 cul-de-lampe par Eisen, gravés, la figure par Rousseau, la vignette par Massard, et le cul-de-lampe par Aliamet.

— *Lettre de Jean Calas à sa femme* et à ses enfants, précédée d'une épître à madame de *** sur le sentiment. 3ᵉ édition, par M. Blin de Sainmore. Paris, Sébastien Jorry, 1765. In-8. — 1 figure, 1 vignette et 1 cul-de-lampe par Eisen, gravés, la figure par de Ghendt, la vignette par Massard, et le cul-de-lampe par de Ghendt.

— *Lettre de la duchesse de La Vallière à Louis XIV*, précédée d'un abrégé de sa vie, par M. Blin de Sainmore. Londres et Paris, Lejay, 1773. In-8. — 1 figure par Dupin fils, sous la direction de Saint-Aubin, d'après le tableau de Lebrun, et 1 cul-de-lampe non signé.

— *Lettre de Sapho à Phaon*, précédée d'une épître à Rosine, d'une vie de Sapho, etc., par M. Blin de Sainmore. Paris, Sébastien Jorry, 1767. In-8. — 1 figure par Gravelot, gravée par Aliamet; 1 vignette par Eisen, gravée par de Ghendt, et 1 cul-de-lampe par Choffard.

BOCCACE. *Il Decamerone* di M. Giovanni Boccaccio. Londra (Paris), 1757. 5 vol. in-8. — 5 frontispices, 1 portrait, 110 figures et 97 culs-de-lampe par Gravelot, Boucher et Eisen, gravés par Alliamet, Baquoy, Flipart, Legrand, Lemire, Lempereur, Fᵉ Lempereur, Leveau, Martenesi, Moitte, Ouvrier, Pasquier, Pibre? Pitre, Saint-Aubin, Sornique et Tardieu.

On ajoute à cette édition 1 frontispice et 20 figures libres de Gravelot (non signées) qui sont très-jolies et très-bien exécutées, peut-être même meilleures que les figures principales. Il en existe une copie très-bien faite où ces figures sont retournées et ont un encadrement orné de feuillages.

Il a été fait plusieurs tirages de cette édition. Le premier, dont les épreuves sont les plus belles et où les planches sont quelquefois marquées au dos avec un paraphe imprimé, est le plus recherché. Tous les exemplaires d'ailleurs sont en papier de Hollande. Il existe des gravures avant le nom des artistes ; quelques amateurs les placent dans leurs exemplaires. On reconnaît le premier tirage de la suite des gravures libres à ce que le frontispice est avant la lettre et ne porte l'indication ni de : *Estampes galantes de Boccace,* ni de *Londres.*

— La même édition a paru, avec la traduction française de Le Maçon, sous le titre de : Le Décaméron de Jean Bocace (*sic*).

La traduction est plus recherchée et se paye le double plus cher que l'édition italienne (ce qui s'explique par le nombre plus restreint de personnes qui peuvent lire Boccace dans l'original), quoique les épreuves des figures, et surtout des culs-de-lampe, en soient moins belles ; mais il en a été fait un tirage sur très-grand papier qu'il faut rejeter absolument.

Quelques amateurs placent dans l'édition française les figures de l'édition italienne ; mais ils n'en peuvent sauver l'infériorité des culs-de-lampe, qui plusieurs fois même sont répétés et ne sont pas placés au même endroit que dans l'édition originale.

Il faut observer que la figure qui appartient à la première nouvelle de la huitième journée est différente dans l'édition française de celle de l'édition italienne.

Nota. Le Décaméron de Boccace, avec des figures attribuées à Romain de Hooge, n'entre pas dans le plan que je me suis tracé, la première et meilleure édition, quant aux épreuves, datant de 1697.

BOILEAU. *Œuvres* de Nicolas Boileau Despréaux, avec des éclaircissemens historiques donnez par lui-même. Nouvelle édition, revuë, corrigée et augmentée de diverses remarques, enrichie de figures gravées par Bernard Picart le Romain. Amsterdam, David Mortier, 1718. 2 vol. in-folio. — Un superbe frontispice, un fleuron qui sert pour le titre de chaque volume, un portrait magnifique de la princesse de Galles, 6 figures avec un frontispice pour le Lutrin, 2 vignettes, 27 culs-de-lampe, dont plusieurs sont répétés (en tout quarante morceaux de gravure) et 2 belles lettres ornées.

Toutes ces illustrations sont de Bernard Picart, sauf le portrait, qui est de Kneller, gravé par V. Gunst.

— *Œuvres* de M. Boileau Despréaux, nouvelle édition avec des éclaircissemens historiques donnés par lui-même et rédigés par M. Brossette, etc., etc., par M. de Saint-Marc. Paris, David et Durand, 1747. 5 vol in-8. — 1 portrait par Rigaud, gravé par Daulé, 43 vignettes, dont 5 sur les titres, 18 culs-de-lampe par Eisen, gravés par Boucher, Aveline, Delafosse et Tardieu (la plupart non signés), et 6 belles figures pour le Lutrin, non signées.

Édition très-recherchée.

BOISARD. *Fables*, par M. Boisard, de l'Académie des belles lettres de Caen, etc. Seconde édition. (Paris), 1777. 2 vol. in-8. — 2 fleurons sur les titres, 9 figures et 2 culs-de-lampe par Monnet, gravés par Blanchin, Schmitz et Saint-Aubin; le deuxième cul-de-lampe n'est pas signé.

Cet ouvrage existe en grand papier de Hollande.

BORDES. *Parapilla*. Poëme en cinq chants, traduit de l'italien. Londres (Paris, Cazin), 1782. In-18. — 6 figures érotiques par Borel, gravées par Eluin (non signées).

Ce poëme, assez bien versifié, n'est cependant qu'une imitation décolorée du conte italien de l'Angelo Gabriele, et dont la fin, si piquante, est toute changée.

BRUMOY (Le père). *Théâtre des Grecs*, par le père Brumoy, nouvelle édition, enrichie de très-belles gravures et augmentée de la traduction entière des pièces grecques, dont il n'existe que des extraits dans toutes les éditions précédentes, et de comparaisons, d'observations et de remarques nouvelles par MM. de Rochefort et du Theil, de l'Académie des inscriptions et belles-lettres, et par M... Paris, Cussac, 1785-1789. 13 vol. in-8. — 23 figures par Borel, Defraine, Lebarbier, Maréchal, Marchand, Marillier et Monnet, gravées par Delignon, Guttenberg, Halbou, Langlois, Masquelier, Patas, Petit et Texier.

Il existe des exemplaires en grand papier, tirés sur in-4, et des exemplaires in-8, tirés sur papier vélin, et figures avant la titre.

BRUTÉ DE LOIRELLE. *Les Ennemis réconciliés*, pièce dramatique en trois actes, en prose, dont le sujet est tiré d'une des anecdotes les plus intéressantes du temps de la Ligue. La Haye, 1766. In-8. — Une figure par Eisen, gravée par Aliamet.

C

abinet (Le) de Lampsaque, ou Choix d'épigrammes érotiques des plus célèbres poëtes françois. Paphos, 1784. 2 vol. in-16. — 101 figures qui paraissent être de Desrais ou de Leclerc.

Cabinet des Fées, ou Collection choisie des contes des fées et autres contes merveilleux, ornés de figures. Genève, Barde, Manget et Compagnie, et Paris, 1785-1789. 41 vol. in-8. — 120 figures par Marillier, gravées par Berthet, Biosse, Borgnet, Choffard, Croutelle, Dambrun, Delignon, Delvaux, Duponchel, Fessard, Gaucher, de Ghendt, Godefroy, Gournaz, Halbou, Jonxis, Langlois, Langlois jeune, Lebeau, Legrand, Leroy, Leveau, Le Villain, de Longueil, Malapeau, Mme de Mouchy, Patas, Mlle Retor, Texier, Thomas et de Valnet.

Comme il y a trois figures par volume, il devrait y en avoir 123; mais il faut observer que dans le 37e volume il ne s'en trouve point.

CAHUSAC. *Zénéide,* comédie en un acte, en vers, avec un divertissement. Paris, Prault, 1744. — Un fleuron sur le titre et une figure, tous deux par Pierre.

Cantiques et Pots-Pourris. Londres (Paris, Cazin), 1789. 2 parties en 1 vol. in-18. — 6 très-jolies figures par Borel, gravées par Eluin, non signées.

CATULLE, TIBULLE et GALLUS. Traduction en prose de Catulle, Tibulle et Gallus, par l'auteur des *Soirées helvétiennes et des Tableaux.* Amsterdam et Paris, Delalain, 1771. 2 vol. grand in-8 (latin et français en regard). — Un frontispice par Eisen, gravé par de Longueil, placé dans chaque volume.

CAYLUS ? (Comte de) *La Chauve-Souris de sentiment*, comédie en un acte. (Paris, mais sans lieu ni date.) In-8. — Une jolie figure qui paraît être de Boucher.

Sur l'exemplaire que j'ai vu chez M. Rouquette, et qui est en maroquin rouge, le titre, doré sur le dos, est moins bizarre et tout différent. Il porte le même nom que l'indisposition sur laquelle Regnier a fait des stances très-connues. Cette indisposition fait du reste le sujet de la comédie.

CAZOTTE. *Ollivier*, poëme (en prose), par Cazotte. Paris, Didot l'aîné, 1798. 2 vol. in-18. — 12 charmantes figures par Lefèvre, gravées par Godefroy.

Ce livre existe aussi sur papier vélin et sur grand papier vélin, avec les figures avant la lettre.

CERVANTES. *Les Principales Aventures de l'admirable Don Quichotte*, représentées en figures par Coypel, Picart le Romain et autres habiles maîtres, avec les explications des 31 planches de cette magnifique collection, tirées de l'original espagnol de Miguel de Cervantes. La Haie, chés Pierre de

Hondt, 1746. Grand in-4. — Un fleuron sur le titre et une vignette par J. V. Schley, et 31 figures par Boucher, Cochin, Coypel, Lebas, Picart et Tresmolier, gravées par Fokke, Picart, V. Schley et Tanjé.

Superbes illustrations; livre extrêmement recherché.

— *Histoire de l'admirable Don Quichotte de la Manche*, traduite de l'espagnol de Michel de Cervantes, enrichie des belles figures dessinées de Coypel et gravées par Folkema et Fokke. Amsterdam et Leipzig, chez Arkstée et Merkus, 1768. 6 vol. in-12. — Un faux-titre gravé, le portrait de Cervantes, 6 fleurons sur les titres, dont un qui sert deux fois, et 30 figures. (Il ne s'en trouve point dans le sixième volume.)

Les amateurs qui tiennent à avoir un bel exemplaire de cet ouvrage remplacent les gravures de cette édition, ordinairement très-usées, par celles de l'édition en espagnol imprimée à Amsterdam en 1744.

— *Don Quichotte de la Manche*, traduit de l'espagnol par Florian; ouvrage posthume. De l'imprimerie de Didot l'aîné. Paris, Deterville an VII (1799). 3 vol. in-8. — Le portrait de Cervantes, par Quéverdo, gravé par Gaucher, et 24 figures par Lefèvre et Le Barbier, gravées par Coiny, Dambrun, Gaucher, Godefroy et Masquelier. Deux estampes dans le premier volume ne portent pas de signature.

Il existe des exemplaires sur papier vélin, avec les figures avant la lettre.

— *Nouvelles* de Michel de Cervantes Saavedra, nouvelle édition, augmentée de trois nouvelles qui n'avoient point été traduites en françois et de la vie de l'auteur. Enrichie de figures en taille-douce. Amsterdam et Leipzig, chez Arkstée et Merkus, 1768. 2 vol. in-12. — 2 fleurons sur les titres, dont l'un appartient également au Don Quichotte de la même année, et 13 figures dessinées et gravées par Folkema.

— *Nouvelles espagnoles* de Michel de Cervantes, traduction nouvelle, avec des notes, ornée de douze belles figures par M. Lefebvre de Villebrune. Paris, Defer Demaisonneuve, 1788. 2 vol. in-8. — Les figures sont de Desrais; celles du 2ᵉ volume ne sont point signées, sauf une seule. Elles sont généralement belles. Les noms des graveurs sur celles qui portent des signatures sont Berthet, Bradel, Delaunay, Lebeau, Le Roy et Maillet.

Ce recueil est factice, chacune des nouvelles ayant paru séparément à partir de 1775 ou 1776; aussi la pagination recommence-t-elle à chacune.

CHODERLOS DE LACLOS. *Les Liaisons dangereuses*, lettres recueillies dans une Société et publiées pour l'instruction de quelques autres. Londres (Paris), 1796. 2 vol. in-8. — Frontispice et 15 figures, par Monnet et Mˡˡᵉ Gérard.

Les exemplaires sur papier vélin avec figures avant la lettre sont très-rares. Il faut, dans ces exemplaires, que chaque figure soit accompagnée d'un carré de papier de soie où se trouve imprimé le sujet de l'estampe.

Une contrefaçon ou réimpression avec la même date de 1796 a été faite vers 1812. Quoique belle, on la reconnaît à ce que le papier vélin est plus mince, que des caches ont été mises sur la lettre, que l'on a généralement gratté les numéros qui sont en haut des figures, et enfin que le carré de papier de soie ne s'y trouve pas.

CHOLET DE JETPHORT. *Étrennes lyriques, anacréontiques,* pour l'année 1781, présentées à Madame la comtesse de Provence. Ces étrennes ont continué en 1782, 1783 et 1784 (J'ignore si elles vont plus loin). In-18. — 4 frontispices (un par année) par Cochin, gravés par Gaucher.

CHORIER. (Nicolas). (*Voyez ci-après l'observation relative à cet auteur.*) Le *Meursius françois*, ou Entretiens galans d'Aloysia, Cythère (Paris, Cazin), 1782. 2 vol. in-18, souvent reliés en un. — Frontispice et 12 figures libres, par Borel, gravées par Eluin (non signées).

Il existe trois éditions par Cazin avec la même date. Celle qu'il faut préférer est un peu plus grande que les deux autres et d'un papier bleuâtre : outre que les épreuves en sont beaucoup plus belles, l'édition est plus correcte. Deux exemples suffiront. Dans la meilleure édition, on lit en haut de la page 44 : « Sixième entretien » (ce qui est exact) et à la page 191 du même volume, ligne 9 : « Ah! ma chère sœur. » Au lieu que dans les deux autres on lit : « Ah! ma cher sœur. » Et dans l'une d'elles : « Septième entretien » à la page 44. Du reste, la justification et le nombre de pages sont semblables dans les trois éditions. Il existe des exemplaires in-8, sur grand papier vélin, très-rares. Le seul que j'aie vu appartient à M. H. Il est, comme tous les livres qui composent la bibliothèque de cet amateur distingué, d'une beauté parfaite comme épreuves et orné d'une reliure caractéristique avec dorures à petits fers et mosaïque, chef-d'œuvre de Trautz.

Il faut se garder de la contrefaçon, où les figures sont retournées. Ainsi le faune qui devrait être à droite et la femme à gauche sur le frontispice, s'y trouvent, le faune à gauche et la femme à droite.

J'extrais de la *Revue des Sociétés savantes* de juillet 1869 les très-curieuses observations suivantes qui se lisent dans un article de M. Valentin Smith sur les Mémoires de Nicolas Chorier.

« Vers 1661, ou peu avant, parut à Grenoble, sans indication de lieu, de date ni de nom d'imprimeur, un livre obscène intitulé : *Aloysiæ Sigeæ Toletanæ satyra sotadica de arcanis Amoris et Veneris.*

« Au moment de l'apparition de cette satyre, » dit Chorier, « comme tout le monde savait que je connaissais le latin, je ne sais « quelles personnes parmi les lettrés soupçonnèrent méchamment que « j'en étais l'auteur..., imposture aussi éloignée de la vérité que les « ténèbres le sont de la lumière. »

« Longtemps après la mort de Chorier, » continue M. Valentin Smith, « La Monnaie, Lancelot, l'abbé Desfontaines, l'abbé d'Artigny et plusieurs autres le signalèrent comme l'auteur de l'*Aloysia*, mais sans en fournir aucune preuve, en se fondant en quelque sorte uniquement sur des ouï-dire de ouï-dire.

« Ceux qui ont étudié avec scrupule les latinités de l'*Aloysia* et de Chorier n'hésitent pas à reconnaître une notable différence entre les deux : la latinité de Chorier, disent-ils, est lourde, embarrassée, souvent hérissée de locutions barbares; celle de l'*Aloysia*, au contraire, se déploie pure, élégante, et décèle une plume habile.

« ..... Entre toutes ces imputations, le reproche que lui fait Constant de Rebeque n'est pas des moins propres à éclairer sur la valeur de toutes celles qui lui sont adressées. « Chorier, dit-il, donna « à son imprimeur Nicolas le manuscrit de l'*Aloysia* pour le dédom- « mager des pertes que l'impression du premier volume de l'*Histoire du* « *Dauphiné* lui avait fait éprouver. »

« Or, d'une part, c'est le libraire Cherrys, de Grenoble, qui a imprimé le premier volume de l'*Histoire du Dauphiné*, et non pas l'imprimeur Nicolas; d'autre part, l'*Aloysia* a été publiée avant que le premier volume de l'*Histoire du Dauphiné* fût sous presse... »

M. Valentin Smith donne encore d'autres détails sur Chorier et l'*Aloysia* qui offrent moins d'intérêt pour un catalogue comme celui-ci. Je renvoie donc le lecteur à la *Revue* que j'ai mentionnée ci-dessus. Ce qui résulte de plus clair et de plus plaisant de tout ceci, c'est que ceux qui ont cru que Chorier

4

avait voulu imputer à Meursius la composition de cet ouvrage qui, s'il n'est pas sans mérite littéraire, en a un fort mince sous le rapport de la moralité, lui ont imputé à lui-même le travail d'un tiers qui a voulu rester inconnu.

CLELAND. Nouvelle traduction de *Woman of pleasur* (sic), ou *Fille de joie*, par M. Cleland, contenant les Mémoires de Mlle Fanny, écrits par elle-même. Londres, Fenton (Paris, Cazin), 1776. 2 vol. in-18, ordinairement reliés en un. — 15 figures libres, dont une avec la lettre, servant de frontispice, par Borel, gravées par Eluin, non signées.

Les figures de cette édition très-rare sont parmi les plus belles de Borel et d'Eluin. Le nom de Fenton n'est pas imaginaire, c'est celui de l'éditeur de ce roman dans sa langue originale. Il existe une copie à la date de 1791, où les figures sont retournées.

COLARDEAU. *Lettre amoureuse d'Héloïse à Abailard*, traduction libre de M. Pope par M. Colardeau, nouvelle édition, revue et corrigée par l'auteur. Paris, veuve Duchesne, 1766. In 8. — Un frontispice et une vignette par Eisen, gravés par Massard.

— *Le Temple de Gnide*, mis en vers par M. Colardeau. Paris, Lejay, 1773. In-8 — Un titre gravé, sur lequel on voit le portrait de Corneille, et 7 charmantes figures par Monnet, gravées par Baquoi, Delaunay, Helman, Masquelier, Née et Ponce.

Il y a des exemplaires avec les figures avant la lettre.

— *Œuvres* de Colardeau, de l'Académie françoise. Paris, Ballard et Le Jay, 1779. 2 vol. in-8. — 11 figures. Les 3 du premier volume, par Monnet, sont gravées par Legrand et Mathieu. Les 8 du second sont de nouveaux tirages de celles de la Lettre amoureuse d'Héloïse à Abailard et des sept du Temple de Gnide, auxquels je renvoie le lecteur.

COLLÉ. *La Partie de chasse de Henri IV*, comédie en trois actes et en prose, avec quatre estampes en taille-douce d'après les desseins (*sic*) de M. Gravelot. Paris, veuve Duchesne, 1766. In-8.

Les quatre figures, très-jolies, sont gravées par Duclos, Rousseau et Simonet.

COLLET. *L'Isle déserte*, comédie en un acte et en vers, par M. C..... Paris, Duchesne, 1758. In-8. — Un frontispice par Cochin, gravé par Lemire, représentant Mlle Gaussin en pied.

Pièce très-rare.

Confédération (La) de la nature, ou l'Art de se reproduire. Londres (Paris, Cazin), 1790. In-18. Un frontispice et trois jolies figures libres par Borel, gravées par Eluin, non signés.

Voyez Saint-Aignan.

COQUELEY DE CHAUSSEPIERRE. *Le Roué vertueux*, poëme en prose, en quatre chants, propre à faire, en cas de besoin, un drame à jouer deux fois par semaine. Orné de gravures. Seconde édition, à laquelle on a joint la Lettre d'un jeune métaphisicien. Lauzanne (Paris), 1770. In-8. — Un fleuron sur le titre, un frontispice et quatre figures non signés.

Sur le seul exemplaire que j'aie vu de cet ouvrage très-rare, incompréhensible, et qui fait l'effet d'une mystification, lequel appartient à la Bibliothèque impériale, les gravures, qui ne sont guère qu'au trait, semblent avoir été gouachées.

CORNEILLE. *Théâtre* de Pierre Corneille, avec des commentaires (par Voltaire), etc., etc., etc. (Genève), 1764. 12 vol. in-8. — Un frontispice par Pierre, gravé par Watelet, représentant le Génie couronnant le buste de Corneille et 34 figures par Gravelot, gravées par Baquoy, Flipart, Lemire, de Longueil, Prévost et Radigues.

Le principal défaut de cette édition, qui est assez belle, mais qui pèche par la correction, est que presque tous les exemplaires sont tachés de roux dans certaines feuilles. Les figures, sans être les meilleures de Gravelot, ne sont pas dépourvues de mérite, surtout celles des comédies. Les plus belles sont celles du Menteur, de la suite du Menteur et surtout de l'Illusion comique. La série entière n'existe pas avant la lettre, mais il y a un choix à faire parmi les épreuves.

Dans l'édition de 1774, 8 vol. in-4 ou 10 vol in-8, les figures sont encadrées dans l'in-4 et retournées dans l'in-8.

— *Rodogune*, princesse des Parthes, tragédie de Pierre Corneille, au Nord, 1760. In-4. — 1 figure par Boucher, gravée à l'eau-forte par Mme de Pompadour et retouchée par Cochin.

Rare.

COSTARD? *Lettre de Caïn après son crime à* Mahala *son épouse*. Paris, Sébastien Jorry, 1765. In-8. — 1 figure par Eisen, gravée par Lemire. La figure n'est pas à la hauteur des autres œuvres d'Eisen.

CRÉBILLON. *Œuvres* de M. de Crébillon, de l'Académie françoise. Paris, de l'Imprimerie royale, 1750. 2 vol. in-4. — 1 très-beau frontispice, 1 fleuron sur le titre, servant pour les deux volumes, 1 vignette et 1 lettre ornée par Boucher, gravés par Lebas.

— *Œuvres complètes* de Crébillon, nouvelle édition, augmentée et ornée de belles gravures. Paris, chez les Libraires associés, 1785. 3 vol. in-8. — 1 portrait par Marillier, d'après le portrait peint par de la Tour, gravé par Ingouf jeune, et 9 figures par Marillier, gravées par Dambrun, Duponchel, Ingouf jeune, Macret et Trière.

Cette édition existe sur grand papier. Les gravures, d'une grande beauté, se trouvent peut-être toutes avant la lettre ; mais parmi les exemplaires en grand papier, il s'en voit avec une très-belle reliure du temps, où l'on a mis des caches sur la lettre de plusieurs d'entre elles.

— *Œuvres* de Crébillon. Nouvelle édition, ornée de figures dessinées par Peyron et gravées sous sa direction. Paris, imprimerie de Didot jeune, chez Desray, an VII. 2 vol in-8. — 1 frontispice-portrait par Peyron, gravé par Petit, et 9 figures gravées par Baquoy, Huber, Lemire, Patas, Thomas et Trière. Les eaux-fortes ont été faites par Baquoy, Lemire, Pélicier et Petit.

Belle édition, qui se trouve également sur papier vélin.

CRÉBILLON fils. *Tanzaï et Néadarné*, histoire japonoise, avec figures. Pékin (Paris), 1743. 2 vol. in-16. — 1 titre gravé, 1 frontispice et 4 figures assez spirituelles, non signées. Celle du deuxième volume, à la page 134, est très-jolie.

— *Le Sopha*, conte moral. A Pékin, chez l'imp. de l'Empereur, 1770. 2 vol. in-12. — 1 frontispice, 4 figures et 2 vignettes par Clavareau (ou Clauareau), gravés par Pelletier, et 2 fleurons par Cochin, gravés par Fessard.

D

D***. *L'Éducation de Henri IV*, par M. D***, Béarnais. Orné de 6 figures dessinées par Marillier et gravées par Duflos le jeune. Paris, Duflos le jeune. 2 vol in-16 ou très-petit in-8.

DAVID. *Histoire d'Angleterre* représentée par figures, accompagnée d'un précis historique, gravées par F. A David, d'après les dessins des plus célèbres artistes, dédiée et présentée à Monsieur, frère du roi. Paris, 1784. 2 vol in-4. — 2 titres gravés, outre les titres imprimés, et 98 figures par Binet, Gois, Le Jeune, Monnet, Mortimer, et d'après Vandyk, gravées par David.

DE FOE. *La Vie et les Aventures de Robinson Crusoé*, traduction revue sur la belle édition donnée par M. Stockdale en 1790, augmentée de la vie de l'auteur, qui n'avait pas encore paru ; édition ornée de 19 gravures par Delignon d'après les dessins originaux de Stothart, d'une carte géographique, et accompagnée d'un vocabulaire de marine. Paris, Verdière, de l'imprimerie de Veuve Panckoucke, an VIII (1800). 3 vol. in-8.

Il y a 3 titres gravés avec fleurons variés, 1 portrait de Daniel De Foe gravé par Delvaux et 18 figures gravées par Delvaux, Dupréel et de Lignon; l'édition est fort belle.

DESCAMPS. *La Vie des peintres flamands, allemands et hollandois,* avec des portraits gravés en taille-douce, etc., par M. J. B. Descamps. Paris, Jombert, 1753. 3 vol. in-8. — 1 frontispice par Descamps, gravé par Lebas; 2 vignettes par le même, gravées par Lemire, et 171 portraits par Descamps et Eisen, gravés par Fisquet, Gaillard, Legrand, Pincsio, et sans doute plusieurs autres qui n'ont pas signé.

— *Voyage pittoresque de la Flandre et du Brabant,* avec des réflexions relatives aux arts, et quelques gravures. Paris, Desaint, etc., 1769. In-8. — 5 figures et une carte qui se ploient.

DESFONTAINES. *Les Bains de Diane,* ou le Triomphe de l'Amour, poëme. Paris, Costard, 1770. In-8. — Très-beau titre par Marillier, gravé par de Ghendt, et 3 figures par Marillier, gravées par Massard, Ponce et Voyez l'aîné.

DESHOULIÈRES (Mme). *Œuvres choisies* de Mme Deshoulières, ornées de figures gravées par les soins des citoyens Ponce et Regnault. Paris, Didot l'aîné, l'an III de la République, 1795. In-18. — Portrait par Rochard et 3 fig. par Marillier, gravées par Ponce et Regnault.
Existe sur papier vélin et avec les figures avant la lettre.

DESMARAIS. *Jérémie,* poëme en quatre chants, avec sa prière et sa lettre aux captifs prêts à partir pour Babylone, etc.

Paris, Desprez, 1771. In-8. — 6 figures par Leclerc, gravées par Delvaux, Macret, Miger, Pepin et Suillard.

Chaque chant porte le nom de Lamentations de Jérémie.

DÉSORMEAUX. *Histoire de la maison de Bourbon.* Paris, Imprimerie royale, 1779-1788. 5 vol. in-4. — 1 frontispice par Boucher, gravé par A. de Saint-Aubin; 5 fleurons sur les titres par Choffard; 14 portraits par Fragonard, Le Monnier et Vincent, gravés par Gaucher et Miger; 22 vignettes par Choffard et Moreau, gravées par Bradel, Moreau et Prévost, et 22 culs-de-lampe par Choffard.

Presque toutes ces illustrations sont des chefs-d'œuvre.

DIDEROT. *Les Bijoux indiscrets.* Au Monomatapa (sans date). 2 vol. in-12. — 1 frontispice, 5 figures originales et 1 fleuron sur chaque titre.

Il existe une réimpression ou contrefaçon dont le texte est moins beau, et qu'on peut reconnaître à ce que les fleurons sur les titres sont de simples ornements, au lieu d'être des sujets, et que les figures sont retournées. Ainsi, sur le frontispice de la bonne édition, les arbres et l'Amour à genoux sont à droite, tandis qu'ils sont à gauche dans la contrefaçon.

DIONIS (Mlle). *L'Origine des Grâces.* Paris, 1777. In-8. — 6 figures par Cochin, gravées par Aliamet, Delaunay, Masquelier, Née, Saint-Aubin et Simonet.

Ouvrage très-remarquable sous le rapport des illustrations. L'estampe du quatrième chant, représentant les noces de Bacchus et d'Ariane, existe découverte.

DORAT. *Bagatelles anonymes* recueillies par un amateur.

5

nève, 1766. In-8. — 1 vignette non signée, 1 cul-de-lampe par Eisen, gravé par Née.

— *Les Baisers*, précédés du Mois de mai, poëme. La Haye et Paris, Lambert et Delalain, 1770. In-8. — 1 figure par Eisen, gravée par Longueil; 23 vignettes, 1 fleuron sur le titre et 22 culs-de-lampe par Eisen, gravés par Aliamet, Baquoy, Binet, Delaunay, Lingée, de Longueil, Masquelier, Massard, Née et Ponce.

Chef-d'œuvre du XVIIIe siècle. Il faut, pour bien apprécier ces ravissantes illustrations, se procurer les exemplaires sur grand papier, avec les titres en rouge.

. — *Le Célibataire*, comédie en cinq actes et en vers. Paris, Delalain, 1776. In-8. — 1 frontispice par Marillier, gravé par Delaunay.

— *Les Cerises* et *la Double Méprise*, contes en vers. La Haye (Paris), 1769. In-8. — 1 très-belle figure par Eisen, gravée par de Longueil.

— *La Déclamation théâtrale*, poëme didactique, précédé d'un discours, etc. Paris, Sébastien Jorry, 1766. In-8. — 1 frontispice et 3 figures par Eisen, gravés par de Ghendt.

— *La Danse*, chant quatrième du poëme de la Déclamation, précédée de notions historiques, etc. Paris, Sébastien Jorry, 1767. In-8. — 1 figure par Eisen, gravée par de Ghendt.

— *Les Deux Reines*, drame héroïque en cinq actes et en prose, suivi de Sylvie et Moléshoff. Paris, Sébastien Jorry, 1770. In-8. — 1 figure dessinée et gravée par Parizeau. (Médiocre.)

— *Les Dévirgineurs et Combabus*, contes en vers, suivis de Floricourt, histoire françoise. Amsterdam (Paris), 1765. In-8.

—2 figures par Eisen, gravées par de Longueil, d'une grande beauté.

(Ce volume a paru dans la même année sous le titre des Trois Frères et Combabus.)

— *Épître à Catherine II*, impératrice de toutes les Russies. Paris, Sébastien Jorry, 1765. In-8. 1 vignette et 1 cul-de-lampe par Eisen, gravés par de Longueil.

— *Épître à l'ombre d'un ami*. Paris, Delalain, 1777. In-8. — 1 figure par Marillier, gravée par de Ghendt.

(Cet ouvrage fait partie des Mélanges.)

— *Épître de Pierre Bagnolet*, citoyen de Gonesse, aux grands hommes du jour. (Il n'y a que le faux titre.) — Une figure par Marillier, gravée par Delaunay, la même que celle qui est placée à Merlin Bel Esprit.

(Cet opuscule fait partie des Mélanges.)

— *Fables nouvelles*. A La Haye et Paris, Delalain, 1773. 2 vol. in-8, dont la pagination se suit, et souvent reliés en un. — Deux frontispices portant : Fables, par M. Dorat, par Marillier, gravés par de Ghendt; 1 figure par Marillier, gravée par Delaunay, qui se place dans chacun des volumes ; 1 fleuron, 99 vignettes et 99 culs-de-lampe par Marillier, gravés par Arrivet, Baquoy, Delaunay, Duflos, de Ghendt, Le Gouaz, Lebeau, Leveau, Lingée, de Longueil, Louis Legrand, Le Roy, Masquelier, Née, Ponce, Mᵐᵉ Ponce et Simonet.

Le second frontispice porte : Fables de M. Dorat, II volume. Plusieurs vignettes du 4ᵉ livre portent la date de 1775.

Cet ouvrage, qui rivalise de perfection avec les Baisers, est le chef-d'œuvre de Marillier, sous le rapport de la finesse de l'exécution et de l'esprit qui règne dans tous les jolis sujets qui l'ornent. Mais il faut l'avoir sur grand papier et plutôt sur papier blanc que sur papier azuré.

La première édition, de 1772, porte le nom de Fables ou Allégories philosophiques. Elle n'a que les frontispices et le fleuron sur le titre de l'édition de 1773, mais, de plus, une très-belle vignette et un cul-de-lampe qui ne s'y trouvent point.

Il faut bien faire attention que le premier volume a été réimprimé avec la même date (1773); mais les épreuves sont moins belles, et le texte est un peu plus gros et en caractère d'un aspect plus moderne dans cette réimpression.

— *Le Faux Ibrahim*, conte arabe, etc. Paris, Delalain. In-8.
— 1 frontispice par Marillier, gravé par Lebeau.
(Cet ouvrage fait partie des Mélanges.)

— *Idylles de Saint-Cyr*, ou l'Hommage du cœur. Amsterdam et Paris, Delalain, 1771. In-8. — 1 frontispice et 1 vignette par Marillier, gravés par de Ghendt.
(Cet ouvrage entre dans les Mélanges.)

— *L'Isle merveilleuse*, poëme en trois chants, traduit du grec, suivi d'Alphonse ou l'Alcide espagnol, conte très-moral. Genève, 1768. Grand in-8. — Une figure par Eisen (assez médiocre), gravée par Legrand.
(Cet ouvrage porte aussi le titre suivant :)

Irza et Marsis, ou l'Isle merveilleuse, poëme en deux chants, suivi d'Alphonse, conte. Seconde édition. A La Haye, et Paris, Delalain, 1769. In-8. — Outre la figure de la première édition, transformée en frontispice par l'addition de « Irza et Marsis, poëme, » il y a 3 figures, 2 vignettes et 2 culs-de-lampe par Eisen, gravés par de Ghendt, Longueil et Massard. Ces illustrations sont fort belles.

Irza et Marsis se trouve ordinairement réuni aux Cerises et à Sélim et Sélima, quoique la pagination recommence à chaque poëme.

— *Lettre de Barnevelt dans sa prison, à Truman, son ami.* Paris, Sébastien Jorry, 1763. In-8. — 1 figure, 1 vignette, 1 cul-de-lampe, par Eisen, gravés par Longueil.

— *Lettre du comte de Comminges à sa mère,* suivie d'une lettre de Philomèle à Progné. Paris, Sébastien Jorry, 1764. In-8. — 2 figures, 2 vignettes et 2 culs-de-lampe par Eisen, gravés par Aliamet et Longueil.

— *Lettre de lord Velfort à milord Dirton,* son oncle, précédée d'une lettre de l'auteur. Paris, L'Esclapart, 1765. In-8. — 2 figures et 2 vignettes par Eisen; les figures gravées par de Longueil, les vignettes par Aliamet.

— *Lettre d'Ovide à Julie,* 1767. In-8. — 1 figure, 1 vignette et 1 cul-de-lampe par Eisen, gravés par Née

— *Lettre de Valcour à son père.* Paris, Jorry, 1767. In-8. — 1 figure, 1 vignette et 1 cul-de-lampe par Eisen, gravés par Simonet.

— *Lettre de Zéïla,* jeune sauvage, esclave à Constantinople, à Valcour, officier françois. Paris, Sébastien Jorry, 1764. — In-8. — 1 figure, 1 vignette et 1 cul-de-lampe par Eisen gravés par de Longueil.

— *Lettres d'une chanoinesse de Lisbonne à Melcour.* La Haye et Paris, Lambert, Jorry et Delalain, 1770. In-8. — 1 figure, 1 vignette et 1 cul-de-lampe par Eisen, gravés par Massard.

(Cet ouvrage fait partie des Mélanges.)

— *Lettres en vers,* ou Épîtres héroïques et amoureuses. Paris, Sébastien Jorry, 1766. In-8. — 1 frontispice, 4 vignettes et 4 culs-de-lampe par Eisen, gravés par Aliamet, Longueil et Massard.

Ce volume contient les Lettres d'Octavie à Antoine, de Héro à Léandre, d'Abailard à Héloïse, de Julie, fille d'Auguste, à Ovide. Les deux premières de ces lettres existent aussi imprimées ensemble à la même date, sans être suivies des deux dernières. On ajoute quelquefois au volume un portrait de Dorat par Denon, gravé par Saint-Aubin.

— *Ma Philosophie.* La Haye et Paris, Delalain, 1771. In-8.
— 1 figure, 1 vignette et 1 cul-de-lampe par Marillier, gravés par de Ghendt.

Les six dernières pages existent imprimées de deux manières : de l'une, la page 38 a treize lignes ; de l'autre, elle n'en a que sept. Comme le cul-de-lampe, qui est de la plus grande beauté, est placé trop bas sur la page, qui a treize lignes, il est possible et même probable que l'imprimeur aura changé plus tard sa composition afin de placer le cul-de-lampe d'une façon plus gracieuse. Si cela était, il faudrait préférer les exemplaires à treize lignes sur la dernière page à ceux où il n'y en a que sept, puisque le tirage du cul-de-lampe serait antérieur. Les deux éditions existent à la Bibliothèque impériale.

(Cet ouvrage entre dans les Mélanges.)

— *Les Malheurs de l'inconstance*, ou Lettres de la marquise de Syrcé et du comte de Mirbelle. Amsterdam et Paris, 1772. 2 vol. in-8. — 2 figures par Queverdo, gravées par Longueil.

— *Mélanges*, par M. Dorat. — Sous ce titre, on a réuni dans les œuvres complètes de Dorat les ouvrages suivants, auxquels on a ajouté un frontispice par Marillier, gravé par de Ghendt :

1. Lettres d'une chanoinesse ; 2. Épître à l'ombre d'un ami ;

3. Le Faux Ibrahim ; 4. Idylles de Saint-Cyr ; 5. Ma Philosophie ; 6. Épître de Pierre Bagnolet. (Voyez à chacun de ces titres.)

— *Merlin Bel Esprit* , comédie en cinq actes et en vers, par M. Dorat. Londres et Paris, Monory, 1780. — 1 figure par Marillier, gravée par Delaunay.

— *Mes Fantaisies*. Amsterdam et Paris, Sébastien Jorry, 1768. In-8. — 2 vignettes, 1 fleuron et 1 cul-de-lampe par Eisen, gravés par de Ghendt.

— *Mes Nouveaux Torts*, ou Nouveau Mélange de poésies pour servir de suite aux Fantaisies. Amsterdam et Paris, Delalain, 1775. In-8. — Un très-beau frontispice par Marillier, gravé par de Ghendt, et 1 figure par Marillier, gravée par Gaucher.

A la suite et en continuant la pagination, se trouve Pierre le Grand, tragédie, avec une figure par Eisen, gravée par Longueil.

— *Pierre le Grand* , tragédie en cinq actes, par M. Dorat. Paris, Monory, 1779. In-8. — 1 frontispice par Queverdo, gravé par Dambrun.

— *Les Prôneurs, ou le Tartuffe littéraire* , comédie en trois actes et en vers, par M. Dorat. En Hollande et Paris, Delalain, 1777. — 1 frontispice par Marillier, gravé par Duflos, et 3 figures par Marillier, gravées par Halbou et Lebeau.

— *Régulus*, tragédie en trois actes et en vers. Paris, Sébastien Jorry, 1765. In-8. — 1 figure, 1 vignette et 1 cul-de-lampe par Eisen, gravés par Longueil.

La Victoire représentée sur la figure est d'une longueur démesurée. Cette tragédie a été réimprimée ou tirée de nouveau en 1766.

— *Régulus*, tragédie, et la Feinte par amour, comédie. Paris, Delalain, 1773. — In-8. 1 frontispice dessiné et gravé par Marillier.

— *Réponse de Valcour à Zéïla*, précédée d'une lettre de l'auteur à une femme qu'il ne connaît pas. Paris, Sébastien Jorry, 1766. In-8. — 1 figure, 1 vignette et 1 cul-de-lampe par Eisen. La figure est gravée par de Longueil, la vignette et le cul-de-lampe le sont par Aliamet.

— *Roséide*, ou l'Intrigant, comédie en cinq actes et en vers par M. Dorat. Paris, Monory, 1780. In-8. — Un très-beau frontispice par Marillier, gravé par Dambrun.

— *Les Sacrifices de l'amour*, ou Lettres de la vicomtesse de Senanges et du chevalier de Versenay. Amsterdam, et Paris, Delalain, 1771. 2 vol. in-8. — 2 figures par Marillier, gravées par Du Clos et de Ghendt.

— *Selim et Selima*, poëme imité de l'allemand, suivi du Rêve d'un musulman, traduit d'un poëte arabe. Leipsik et Paris, Sébastien Jorry, 1769. In-8. — 1 figure par Eisen, gravée par de Ghendt.

— *Suite des Bagatelles anonymes*, recueillies par un amateur. Genève, 1767. In-8. — 1 vignette par Eisen, gravée par Née, et 1 cul-de-lampe non signé.

— *Théagène*, tragédie en cinq actes. Paris, Sébastien Jorry, 1766. In-8. — 1 figure par Eisen, gravée par de Ghendt.

— *Les Tourterelles de Zelmis*, poëme en trois chants, par l'auteur de Barnevelt (Paris, 1766). Grand in-8. — 1 frontispice, 1 figure, 1 vignette et 1 cul-de-lampe par Eisen, gravés par Longueil.

— *Les Trois Frères* et Combabus, contes en vers, précédés par des réflexions, etc. Amsterdam, 1765. In-8.

Ce livre est le même que les Dévirgineurs et Combabus, avec les mêmes planches. Voy. ci-dessus.

— *Zoramis, roi de Crète*, ou le Ministre vertueux, tragédie nouvelle en cinq actes et en vers, par M. Dorat. Londres et Paris, Monory, 1780. In-8. — 1 frontispice par Marillier, gravé par Duflos.

Toutes ces poésies, comédies, etc., ainsi que plusieurs autres ouvrages de Dorat dont il n'entre pas dans mon plan de parler, parce qu'ils n'ont point de gravures, ont été réunis en 14 volumes in-8 sous le titre de Œuvres de Dorat. Il en a été vendu un exemplaire, l'année dernière, à la vente de M. Grésy, environ 2000 francs, avec une reliure magnifique exécutée par M. Lortic, en maroquin rouge, dos orné, larges dentelles à petits fers sur les plats, représentant des oiseaux, des insectes et des fleurs, doublé de moire antique verte, doré sur tranches.

DREUX DU RADIER. *L'Europe illustre*, contenant l'histoire abrégée des souverains, des princes, des prélats, des ministres, des grands capitaines, des magistrats, des savants, des artistes et des dames célèbres en Europe, depuis le XVe siècle compris jusqu'à présent, par M. Dreux du Radier, avocat. Ouvrage enrichi de portraits gravés par les soins du sieur Odieuvre. Paris, Odieuvre et Le Breton, 1755-1765. 6 vol. très-grand in-8. — 1 frontispice par Eisen, gravé par Sornique, et 600 portraits dont il serait peu intéressant de désigner les auteurs et les graveurs, ce recueil étant fait en partie avec des portraits déjà connus avant sa publication, et dont un assez grand nombre remontent au XVIIe siècle pour les graveurs et au XVIe siècle pour les peintres ou dessinateurs.

6

Le premier volume offre très-peu d'intérêt, parce qu'il est rempli de portraits imaginaires, tels que ceux de Pharamond, de Clodion, d'Egbert et des autres premiers rois de France et d'Angleterre. Mais comme sur les 600 portraits qui forment ce recueil il y en a une centaine de fort intéressants et d'une très-belle exécution (voir celui de Bossuet par exemple), cet ouvrage a du prix et se vend cher, lorsque les épreuves sont belles.

DUBOCCAGE (Mme). *La Colombiade*, ou la Foi portée au nouveau monde, poëme par Mme Duboccage. Paris, Desaint et Saillant, 1756. In-8. — 1 portrait par Mlle Loir, gravé par Tardieu ; 1 fleuron sur le titre, non signé; 10 figures assez originales, dessinées et gravées par Chedel, et 10 culs-de-lampe non signés.

DUBREUIL. *La Pucelle de Paris*, poëme en douze chants et en vers. Londres, 1776. In-8. — 1 jolie figure par Desrais, gravée par Deny.

DUBUISSON. *Le Tableau de la Volupté*, ou les Quatre parties du jour. Poëme en vers libres, par M. D. B. A Cythère, au temple du Plaisir, 1771. Petit in-8. — 1 frontispice, 4 figures, 4 vignettes et 4 culs-de-lampe par Eisen, gravés par de de Longueil.

Un des plus gracieux travaux dus à l'association d'Eisen et Longueil.

DUCLOS. *Acajou et Zirphile*, conte. A Minutie, 1744. In-4. — 9 figures par Boucher, gravées par Chedel, 1 fleuron sur le titre par Cochin, 1 belle vignette au commencement du conte par le même, et 1 cul-de-lampe à la fin de la préface, gravé par Duflos.

Il existe des exemplaires sur grand papier.

On sait que ce conte fut composé pour utiliser les figures de Boucher, qui avaient déjà été faites pour Faunillane ou l'Infante jaune. (Voyez ce roman.)

— *Les Confessions du comte de****, par M. Duclos, de l'Académie françoise; huitième édition, ornée de belles gravures par les meilleurs maîtres, et augmentée de la vie de l'auteur. Londres et Paris, Costard, 1776. Grand in-8.

Cette édition n'a cependant point de gravures; celle qui en a est la suivante dont voici le titre :

Les Confessions du comte de ***, écrites par lui-même à un ami. Sixième édition. Amsterdam et Paris, Nyon, 1783. Grand in-8. — 7 figures par Desrais, gravées par Delaunay, Trière, Vaisard et Mmes Jeanne Deny, Lingée et Ponce.

Les figures sont assez belles, surtout la sixième. Quant à la dernière, elle n'est guère en rapport, par son extrême réserve, avec le texte, qui dit : « Elle nous trouva dans une situation qui n'était pas équivoque. »

Une bizarrerie remarquable de cette *sixième édition*, qui a paru sept ans après la huitième, c'est que les figures, bien que portant les dates de 1775 et 1776, conviennent d'après leur pagination à l'édition de 1783, et nullement à celle de 1776, dont la pagination recommence à la seconde partie du roman, tandis qu'elle continue jusqu'à la fin dans l'édition de 1783.

DU LAURENS. *Le Compère Matthieu*, ou les Bigarrures de l'esprit humain. (Paris), imprimerie de Patris, 1796. 3 vol. in-8. — 9 figures, assez médiocres.

Il en existe des exemplaires très-rares et très-recherchés sur papier vélin avec les figures avant la lettre.

DU ROSOI. *Les Sens*, poëme en six chants. Londres (Paris), 1766. In-8. — 7 figures, dont 4 d'Eisen et 3 de Wille; 6 vignettes, dont 3 d'Eisen et 3 de Wille, et 2 culs-de-lampe par Eisen, gravés par de Longueil.

Les figures de Wille sont très-inférieures à celles d'Eisen, excepté celle du cinquième chant, qui est assez belle; mais ses vignettes sont charmantes.

— *Henri IV*, drame lyrique en trois actes et en prose. Paris, Vente, 1774. In-8. — 1 beau frontispice par Gazard, gravé par Patas, et 3 jolies figures par Larrieu et Gazard, gravées par Patas, outre 20 pages gravées de la jolie musique de Martini, l'auteur de la célèbre romance : *Plaisir d'amour.*

— *La Réduction de Paris*, drame lyrique en trois actes, par M. de Rozoi, citoyen de Toulouse, etc., etc., etc. 1775. Paris, veuve Duchesne. — 1 très-beau frontispice par Desrais, gravé par Patas.

D'après le titre de cette pièce, il aurait fallu ranger le nom de l'auteur parmi les R. J'ai suivi l'usage adopté même par Brunet en l'appelant Du Rosoi.

E

ELÉONORE, ou l'Heureuse personne. Paris an VII (1799). In-18. 3 figures érotiques non signées, assez jolies.

ÉPICES DE VÉNUS (Les). Voyez à l'Arétin françois.

ÉRASME. L'Éloge de la folie, traduit du latin d'Érasme par M. Gueudeville. Nouvelle édition, revue et corrigée sur le texte de l'édition de Basle, ornée de nouvelles figures, avec des notes. 1751. (Les figures sont quelquefois tirées en rouge.) 1 vol. in-8. — 1 frontispice par Eisen, gravé par Martinasie; 1 fleuron sur le titre par Eisen, gravé par Lemire; 13 estampes, 1 vignette et 1 cul-de-lampe par Eisen, gravés par Aliamet, de la Fosse, Flipart, Le Grand, Lemire, Pincio et Tardieu.

Les exemplaires en grand papier, de format in-4, sont recherchés et chers.

ÉTIENNE. Causes amusantes et connues. Berlin (Paris), 1769. 2 vol. in-12. — 9 figures non signées.

F

FAGAN. Théâtre de M. Fagan, et autres œuvres du même auteur. Paris, Duchesne, 1760. 4 vol. in-12. — 1 frontispice par Durand, gravé par Baquoy, et 4 fleurons par Eisen et Halé? gravés par Fessard.

Le frontispice est très-joli.

FAVART. *L'Amitié à l'épreuve*, comédie en deux actes, mêlée d'ariettes, tirée des Contes moraux de M. Marmontel, etc. Paris, veuve Duchesne, 1761. In-8. (La musique est de Grétry.) 1 figure par Gravelot, gravée par Simonet.

— Théâtre de M. Favart, ou Recueil de comédies, parodies et opéra-comiques (*sic*) qu'il a donnés jusqu'à ce jour, avec les airs, rondes et vaudevilles notés dans chaque pièce. Paris, Duchêne, 1763-1772. 10 vol. in-8. — Le portrait de Favart par Liotard, gravé par Littret, celui de Mme Favart par Cochin, gravé par Flipart (tous deux de la plus grande beauté), 8 fleurons sur les titres par Eisen et (au tome 8) par Cochin, gravés par Aliamet, Chedel, Fessard, Lemire, Longueil et Sornique, et 7 très-beaux frontispices par Boucher, Cochin, Eisen et Gravelot, gravés par Aliamet, Chedel, Cochin, Lebas, Lemire et Simonet.

FAVART et FAGAN. *La Servante justifiée*, opéra-comique, par MM. Favart et Fagan, etc. Nouvelle édition. Paris, Duchesne, 1760. In 8. — Un très-beau portrait de Mme Favart par Garand, gravé par Chenu.

FAVART, comtesse de TURPIN, GUILLARD et VOISENON. *Journée de l'amour*, ou Heures de Cythère. A Gnide, 1776. In-8. — 3 figures et 8 culs-de-lampe par Taunay, gravés par Macret, Michel et Pruneau (une figure et 1 cul-de-lampe ne sont point signés).

Illustrations assez jolies.

FAVRE (De). *Les Quatre Heures de la toilette des dames*, poëme érotique, dédié à Son Altesse Sérénissime Madame la princesse de Lamballe, etc., par M. de Favre, de la Société littéraire de Metz. Paris, Bastien, 1779. Grand in-8. — 1 frontispice, 1 vignette, 4 figures et 4 culs-de-lampe par Leclerc, gravés par Arrivet, Halbou, Legrand, Leroy et Patas.

Très-belles illustrations ; les culs-de-lampe surtout sont superbes.

FÉNÉLON. *Les Avantures de Télémaque*, fils d'Ulysse, par feu messire François de Salignac de la Motte Fénélon, etc. Paris, Florentin Delaulne, 1717. 2 vol. in-12. — 1 frontispice-portrait par Bailleul, gravé par Duflos ; 1 frontispice, 1 vignette et 24 figures par Bonnard, gravés par Giffard, dont beaucoup ne sont pas signés ou ne le sont que de l'un des deux artistes, et une carte géographique.

Édition très-rare et très-recherchée.

Les Avantures de Télémaque, fils d'Ulysse, par feu messire François de Salignac de la Motte Fénélon, précepteur, etc.

Nouvelle édition, enrichie de figures en taille-douce. Paris, Jacques Estienne, 1730. 2 vol. in-4. — 1 frontispice par Coypel, gravé par Tardieu, 1 vignette par le même, gravée par Scotin, 24 figures par Cazes, Coypel, de Favanne, Humblot et Souville, gravées par Bacquois, Beauvais, Cochin, Dupuis et Mathey, et une carte géographique.

— *Les Avantures de Télémaque*, fils d'Ulysse, par Feu messire François de Salignac de la Mothe Fenelon, précepteur de Messeigneurs les Enfants de France, et depuis Archevêque-Duc de Cambray, prince du Saint-Empire. Nouvelle édition, conforme au manuscrit original et enrichie de figures en taille-douce. Amsterdam, Wetstein et G. Smith et Zacharie Chatelain, 1734. In-folio. — 1 frontispice de toute beauté par Picart, gravé par Folkema; 1 fleuron sur le titre par L. F. D. B. (Dubourg), gravé par Tanjé; 1 admirable portrait de Fénélon par Vivien, gravé par Drevet; 24 figures par Debrie, Dubourg et Picart, gravés par Bernards, Folkema, V. Gunst et Surugues; 24 vignettes par Dubourg, gravées par Duflos, Folkema et Tanjé, et 21 culs-de-lampe par Debrie et Dubourg, gravés par Duflos et Schenk.

Un des plus beaux livres qu'on puisse voir, tiré à 150 exemplaires. L'édition de 1761 a les mêmes gravures que celle-ci, mais en épreuves usées.

— *Les Aventures de Télémaque*, fils d'Ulysse, par M. de Fénélon, archevêque-duc de Cambrai, etc., gravées par Drouët. Bruxelles, 1776. In-4. Voyez l'article suivant.

— *Les Aventures de Télémaque*, fils d'Ulysse, par M. de Fénélon, archevêque de Cambrai, gravées par Drouët. Paris, Drouët, 1781. In-4.

C'est la même édition que la précédente, dont l'exemplaire

de la Bibliothèque impériale porte sur le titre tome premier, et ne donne que les trois premiers livres. La préface de l'édition de 1781 annonce 4 volumes avec 25 grands sujets de Cochin, 1 vignette et 1 cul-de-lampe à chaque chant par Le Barbier. Il n'en a non plus paru que le premier volume, mais qui contient les six premiers livres. Comme les illustrations des éditions de Bruxelles et de Paris sont les mêmes, sauf le nombre, je décrirai celles de l'édition de Paris. Toutes sont d'une grande beauté.

1 frontispice par Cochin, gravé par Lemire; 1 fleuron sur le titre par Eisen, gravé par Ponce; 6 figures par Cochin, gravées par Delaunay, Prévost, Saint-Aubin et Simonet; 6 vignettes par Eisen, Moreau et Lebarbier, gravées par Gaucher, et 5 culs-de-lampe par Eisen, Moreau et Lebarbier, gravés par Gaucher et Ponce.

— *Les Aventures de Télémaque*, fils d'Ulysse, par M. de Fénélon. Imprimé par ordre du roi pour l'éducation de Monseigneur le Dauphin. Paris, Didot l'aîné, 1783. 2 vol. in-4, papier vélin, auxquels s'ajoute un frontispice portant : Les Aventures de Télémaque, fils d'Ulysse, gravées d'après les desseins (*sic*) de Charles Monnet, peintre du roy, par Jean Baptiste Tilliard. Paris, chez l'auteur, 1773. — 72 figures et 14 planches avec le texte des sommaires des chants, gravées et ornées de culs-de-lampe.

Les gravures sont assez belles, mais les culs-de-lampe qui ornent les sommaires leur sont bien supérieurs.

— *Les Aventures de Télémaque*, fils d'Ulysse, par M. Fénélon. Avec figures en taille-douce dessinées par MM. Cochin et Moreau le jeune. Paris, Didot, 1790. 2 vol. grand in-8 grand papier vélin. — 7 figures. — Cette suite n'a pas été terminée. On ajoute à cette édition une suite de 24 figures par Marillier, gravées par Baquoy, Dambrun, Dupréel, d'Elvaux, de Ghendt, Langlois jeune, Masquelier, Patas, Pauquet et Ponce, plus un portrait par Vivien gravé par Hubert. Cette suite existe avant la lettre.

— *Aventures de Télémaque.* Édition ornée de gravures. Paris, Bleuet (imprimé par Didot l'aîné), 1796. 4 vol. in-18. — Le portrait de Fénélon, d'après Vivien, gravé par Gaucher, et 24 ravissantes figures par Quéverdo, gravées par Dambrun, Delignon, de Launay, Gaucher et Villerey.

Existe aussi sur papier vélin et sur papier grand raisin vélin superfin double, avec figures avant la lettre, tiré à 200.

— *Les Aventures de Télémaque*, fils d'Ulysse, par François Salignac de la Mothe Fenélon. Paris, Didot l'aîné, 1796, 4 vol. in-18. — 1 portrait par Delvaux et 24 charmantes figures par Lefebvre, gravées par Delvaux, Godefroy, Simonet, Thomas et Trière.

Existe aussi sur papier vélin et sur grand papier vélin, avec les figures avant la lettre, dont beaucoup ne donnent pas même les noms des artistes.

FENOUILLOT DE FALBAIRE. *L'Honnête Criminel*, drame en cinq actes et en vers. Amsterdam et Paris, Merlin, 1767. In-8. — 5 charmantes figures par Gravelot, gravées par Binet, Delaunay, Levasseur et Simonet.

— *Les Deux Avares*, comédie en deux actes, en prose, mêlée d'ariettes, par M. de Falbaire. La musique est de M. Grétri. Paris, Delalain, 1770. In-8. — 1 charmante figure par Gravelot, gravée par de Longueil.

— *Le Fabricant de Londres*, drame en cinq actes et en

prose. Paris, Delalain, 1771. In-8. — 5 figures très-belles, par Gravelot, gravées par Levasseur, de Longueil et Simonet.

— *Œuvres de M. Falbaire de Quingey*. Paris, veuve Duchesne, 1787. 2 vol. in-8. — 1 portrait par Cochin, gravé par Saint-Aubin.

Existe aussi sur papier vélin.

FLOTTE (De la). *L'Hôpital des Fous*, traduit de l'anglois de Walsh. Paris, Sébastien Jorry, 1765. In-8. — 1 figure, 1 vignette, 1 cul-de-lampe par Eisen, gravés par Lafosse.

FONTAINE. *Argillan*, ou le Fanatisme des croisades, tragédie en cinq actes, par M. Fontaine. Amsterdam et Paris, Lejay, 1769. In-8. — 1 très-belle figure par Binet.

FRÉRON et COLBERT, duc d'Estouteville. *Adonis*. Londres et Paris, 1775. In-8. — 1 frontispice, 1 figure, 1 vignette et 1 cul-de-lampe par Eisen, gravés par Ponce.

Très-belles illustrations. Livre assez rare.

G

GARNIER. Figures de l'Histoire de France, dessinées par Moreau le jeune, et gravées par Le Bas, avec des explications par l'abbé Garnier. 1785. Grand in-4 Texte gravé.

Il a paru d'abord, à partir de 1778, deux volumes contenant la 1re et la 2e race, chacun de 54 figures à mi-page, par Lépicié, Monnet et Moreau. Plus tard, les 36 figures de Lépicié et de Monnet furent supprimées et remplacées par de nouvelles figures de Moreau. Les 36 premières ne se trouvent donc pas dans l'édition de 1785. Celle-ci contient 164 figures, toutes de Moreau, numérotées de 2 à 165, parce que la première manque. Ces figures, compris les premières 36, qui y ont été réunies dans quelques exemplaires, furent gravées par Couché, Dambrun, Delignon, Delvaux, Duclos, Duflos, Emery, Fosseyeux, Garreau, Gaucher, Guttemberg, Guyot, Halbou, Helman, Henry, Hulk, Julien, Langlois, Lebas, Le Veau, Malapeau, Malbéte, Martiny, Masquelier, Patas, Pauquet, Pelisier, Racine, Romanet, Simonet, Tessier, Texier (probablement le même) et Thomas; plus 4 cartes de France. Il existe des exemplaires des gravures avant la lettre.

En 1790, il a paru une nouvelle et mauvaise édition sous le titre de « Discours sur l'histoire de France, par L. A. Dingé (qui en paraît être le véritable auteur). Paris, de l'imprimerie de Monsieur, 1790. » Les épreuves y sont moins bonnes. Les meilleures, sauf dans les exemplaires avant la lettre, sont celles qui se trouvent dans le premier tirage de 1778, avec les figures de Lépicié, Monnet et Moreau.

Les illustrations de cet ouvrage sont de la plus grande beauté.

GERVAISE DE LA TOUCHE. *Mémoires de Saturnin*, écrits par lui-même. Nouvelle édition, corrigée et augmentée, avec figures. Londres (Paris, Cazin), 1787. 2 vol. in-18, tirés aussi sur grand papier in-8. — 24 très-jolies figures par Borel et Eluin, non signées. La dernière n'est pas libre.

C'est la plus belle édition de ce roman, connu aussi sous le nom d'*Histoire de Dom B. et du Portier des Chartreux*.

GESSNER. *Contes moraux et Nouvelles Idylles* de D... et Salomon Gessner. A Zuric, chez l'auteur, 1773. — Œuvres de Salomon Gessner, traduites de l'allemand, tome II. A Zuric, chez l'auteur. 2 vol. in-4. — 2 titres gravés, 20 figures, 6 vignettes et 33 culs-de-lampe, dessinés et gravés à l'eau-forte par Gessner.

GESSNER. *Œuvres* de Salomon Gessner. Paris, Renouard, an VII, 1799. 4 vol. in-8. — 3 portraits et 48 figures par Moreau, gravés par Baquoy, Dambrun, Delvaux, Dupréel, de Ghendt, Girardet, Lemire, Petit, Simonet et Trière.

Il y a des exemplaires sur papier vélin avec les figures avant la lettre.

GRAFFIGNY (Mme de). *Cenie*, pièce en cinq actes, représentée pour la première fois par les comédiens françois ordinaires du roi, le 25 juin 1750. Paris, Cailleau, 1751. In-12. — 1 titre gravé, avec fleuron et 1 figure, tous deux par Le Lorrain, gravés par Fessard.

— *Lettres d'une Péruvienne*, par Mme de Graffigny, nouvelle édition, augmentée d'une suite qui n'a point encore été imprimée. Paris, Didot l'aîné, an V, 1797. 2 vol. in-18. — Portrait par de Launay, et 8 charmantes figures par Lefèvre, gravées par Coiny.

Se trouve aussi sur papier vélin et grand papier vélin, avec les figures avant la lettre.

GRANDVAL. *Le Vice puni*, ou Cartouche, poëme. Nouvelle édition, plus belle, plus correcte, et augmentée par l'auteur; avec des figures convenables à chaque chant, dont les dessins ont été faits sur les lieux où Cartouche s'est le plus signalé. Paris, Pierre Prault, 1726. In-8. — Frontispice et 16 figures par Bonnard, gravés par Scotin (médiocres).

— *Agate*, ou la Chaste princesse, tragédie par M. G***. A Paris. In-8. — 1 titre gravé et 3 vignettes, non signés.

GRAVELOT et COCHIN. *Almanach iconologique*, par H. Gravelot et Cochin. Paris, Lattré, 1765-1781. 17 petits volumes ou plaquettes in-18, texte gravé, contenant 1 frontispice général et 1 portrait de Gravelot; 1 titre gravé et 12 figures par volume, en tout 12 titres et 204 figures. Les 10 premières années ont des titres différents, les 7 dernières ont le même. — Les figures sont gravées par Aliamet, Baquoy, Choffard, Duclos, Duflos, Gaucher, de Ghendt, Godefroy,

Halbou, Ingouf, de Launay, Legrand, Lemire, Leveau, Lingée, de Longueil, Masquelier, Massard, Née, Nicollet, Ponce, Mme Ponce, Prévost, Rousseau, A. de Saint-Aubin, Simonet et Vanvillé.

Ces figures ont été replacées dans une nouvelle édition de cet ouvrage, intitulée : *Iconologie*, Paris, Lattré, sans date, 4 vol. in-12, ou tirée sur papier in-8. Le texte, tout différent, est imprimé et les figures sont rangées dans un autre ordre. Cette réimpression, beaucoup moins rare que l'édition primitive, offre encore de belles figures, quoique les épreuves en soient moins bonnes que dans celle-là[1].

Chaque volume contient, outre les figures, 1 titre ou frontispice différent, mais sur lequel on lit toujours : « Iconologie par figures, ou Traité complet des allégories, emblèmes, etc. Ouvrage utile aux artistes, aux amateurs et peuvent (*sic*) servir à l'éducation des jeunes personnes, par MM. Gravelot et Cochin. » Ils sont gravés par Choffard, de Ghendt et Legrand ; celui du quatrième volume n'est pas signé.

En outre, le premier volume a un titre ou frontispice gravé qui porte : « Iconologie, ou Traité de la science des allégories en 350 figures, gravées d'après les dessins de MM. Gravelot et Cochin ; avec les explicat. relatives à chaque sujet », et contient un frontispice sur lequel se trouvent le portrait de Cochin par Monnet, gravé par Gaucher en 1789, et le portrait de Gravelot de l'édition primitive, par Delatour, gravé par Gaucher.

---

1. J'ai vu chez M. Lortic un exemplaire de l'édition in-12, où les figures sont avant la lettre dans les 3 premiers volumes ; et dans le quatrième une figure est avant la lettre et une autre avec le nom du sujet tracé à la pointe sèche. On y avait placé sans doute dans le temps des épreuves d'artiste, non destinées au commerce.

Pour justifier les 350 figures annoncées sur le titre de la réimpression (car il n'y en a toujours que 204) il faut croire que chaque fois qu'il se trouve deux personnages sur une planche, on aura compté chacune d'elles comme une figure. Je n'en ai pas vérifié le nombre.

GRÉCOURT (De). *Œuvres diverses* de Grécourt, nouvelle édition, soigneusement corrigée, et augmentée d'un grand nombre de pièces qui n'avoient jamais été imprimées. Luxembourg, 1761. 4 vol. in-12. — 1 portrait par Garand, 3 frontispices et 4 fleurons par Eisen, extrêmement jolis, gravés par Baquoy.

— *Œuvres choisies* de Grécourt. Genève (Cazin), 1777. 3 vol. n-18. — 3 frontispices dont 2 par Eisen et 1 par Marillier, sans nom de graveur, sauf N. D. L.

— *Œuvres complètes* de Grécourt, enrichies de gravures. Nouvelle édition, corrigée et augmentée d'un grand nombre de pièces qui n'avaient jamais été imprimées. Paris, Chaignieau aîné, 1796. 4 vol. in-8. — 1 portrait par Dupréel, et 8 figures par Fragonard, gravées par Dambrun et Dupréel.

Il existe des exemplaires sur papier vélin avec les figures avant la lettre.

GRESSET. *Œuvres choisies* de Gresset, ornées de figures en taille-douce, dessinées par Moreau le jeune. Paris, Saugrain, imprimerie de Didot jeune, an IIe (1794), in-18. — 5 très-jolies figures.

Se trouve aussi sur papier vélin et grand papier vélin, les figures avant la lettre.

H

HANCARVILLE (D'). *Antiquités étrusques*, grecques et romaines, tirées du cabinet de M. Hamilton, envoyé extraordinaire de Sa Majesté britannique en cour de Naples, 1766-1767. 4 vol. grand in-folio. — 520 figures, 16 grandes vignettes, 8 culs-de-lampe et 35 magnifiques lettres ornées, par Beaulieu, Bracci, Cardon, Nolli et Tierce, gravés par Lamberti et Pignatari. Les figures et les lettres sont les unes noires, les autres coloriées.

Édition splendide et de grand luxe.

— *Antiquités étrusques*, grecques et romaines, ou les beaux vases étrusques, grecs et romains, et les peintures rendues avec les couleurs qui leur sont propres, gravées par F. A. David, avec leurs explications par d'Hancarville. Paris, David, 1787. 5 vol. in-4. — 1 frontispice, qui porte la date 1785, répété dans chaque volume, et 361 planches, dont 183 coloriées.

Les sujets représentés sur les planches 32, 50 et 60 du 2e volume, 3 et 65 du 3e, 59, 64, 66, 68 et 71 du 4e, et 42 du 5e volume sont un peu érotiques.

— *Monuments de la vie privée des douze Césars*, d'après une suite de pierres gravées sous leur règne. A Caprées, chez

8

Sabellus. 1780. In-4. — 1 frontispice et 50 gravures du genre spintrien.

Il y a deux éditions sous la même date. Sur celle qui est à préférer, le titre occupe 11 lignes et les *s* sont longues, tandis que dans la réimpression le titre n'a que 10 lignes et les *s* sont courtes.

On réunit à cet ouvrage le suivant :

— *Monuments du culte secret des dames romaines*, pour servir de suite à la Vie privée des douze Césars. A Caprées, chez Sabellus, 1784. In-4. — Frontispice et 50 gravures du genre spintrien.

Dans la réimpression on a mis la date 1780 et les *s* du texte sont courtes au lieu d'être longues.

Il existe plusieurs autres éditions de ces deux ouvrages, dont une in-8, assez bonne, avec les figures réduites, une in-4 avec la traduction des vers latins, une en 2 vol. in-8, de l'Imprimerie du Vaticant (*sic*), 1786 (vers latins traduits et gravures copiées), et enfin une in-8 avec le texte gravé; celle-ci a beaucoup moins de valeur.

Ces deux ouvrages dénotent beaucoup d'esprit, et font beaucoup d'honneur à l'érudition de d'Hancarville; mais presque toutes les pierres gravées, médailles, etc., sont imaginaires. Ce sont donc de mauvais livres sous le rapport de l'authenticité des monuments, auxquels on ne peut pas se fier. Ceux qui désirent connaître les véritables médailles spintriennes devront consulter la description des pierres gravées du duc d'Orléans par de Lachau et Leblond.

HÉLIODORE. *Amours de Théagène et Chariclée*, histoire éthiopienne. Paris, Coustelier, 1743. 2 vol. in-12. — 1 fleuron qui sert aux deux titres, 1 frontispice, 10 vignettes, dont il n'y en a que 5 de différentes et 10 figures ; le tout de la même médiocrité.

HÉNAULT. *Nouvel Abrégé chronologique de l'histoire de France*, etc., troisième édition. Paris, Prault père et fils, 1749. Grand in-4. — 1 fleuron sur le titre, par Cochin ; 1 frontispice par Boizot, gravé par Lépicié ; 3 vignettes et 36 culs-de-lampe de la plus grande beauté par Cochin, et 71 portraits par Boizot, de Leu, Robert, Thomassin et Van Loo, gravés par Aveline, Dupuis, Duchamge, Edelinck, Fessard, Fiquet, Fillœul, Gaillard, Pinssio, Ravenet, Roy, Schmidt et Thomassin.

Magnifique édition, peut-être même supérieure à la suivante :

— *Nouvel Abrégé chronologique de l'histoire de France*, etc. Paris, Prault, 1768. 1 vol. grand in-4, relié généralement en 2. — 1 frontispice, 1 fleuron sur le titre (c'est celui de l'édition de 1749), un très-beau portrait de la reine, par Nattier, gravé par Gaucher, dans la vignette qui est en tête de la dédicace gravée ; 3 vignettes par Cochin, gravées par Moreau ; 3 lettres ornées par Chedel, 30 culs-de-lampes par Moreau, 1 grand cul-de-lampe à la fin du règne de Louis XIV, occupant toute la page, et 35 estampes allégoriques par Cochin, gravées par Aliamet, Delaunay, Martini et Rousseau, précédées d'un titre gravé.

— *Pièces de théâtre*, en vers et en prose (par le président Hénault). 1770. In-8. — 1 fleuron sur le titre par Eisen, gravé par de Longueil, et 5 vignettes, dont 4 par Eisen, gravées par de Longueil et Legrand, et 1 par de Sève, gravée par Duflos.

Ces pièces de théâtre, dont la pagination recommence à

chacune, portent, les unes la date de 1769, les autres de 1770.
Les illustrations sont ravissantes.

Histoire du Vieux et du Nouveau Testament, enrichie de plus
de 400 figures en taille-douce, etc. Amsterdam, Pierre Mortier, 1700. 2 vol. in-folio. — 2 frontispices, 1 fleuron qui est
placé sur le titre de chacun des volumes, 2 vignettes dont une
qui sert à la préface de chaque volume, 1 lettre ornée, dans le
même cas; 214 planches ayant deux figures par planche, 28
culs-de-lampe, tous dans le second volume, et 5 cartes. Ces
illustrations sont par Elgers, Elliger (probablement le même
nom autrement écrit), Goerée, Picart, Tideman, Van der Plaes,
etc., gravées par Baptist, de Blois, Later, Mulder, V. Gouwen, etc.

Les épreuves sont meilleures dans l'édition hollandaise. La
dernière planche de l'Apocalypse ayant été cassée, fut raccom-
modée avec des clous qui se voient sur beaucoup d'épreuves.
Les amateurs recherchent en conséquence les exemplaires avec
la dernière planche *avant les clous.*

HOMÈRE. *Œuvres complètes* d'Homère, traduction nouvelle,
dédiée au Roi, avec des notes littéraires, historiques et géo-
graphiques, suivies des imitations des poëtes anciens et modernes, par M. Gin. Paris, imprimerie de Didot l'aîné, 1786.
4 vol. grand in-4 (ou in-8). — 1 frontispice sur lequel est le
portrait d'Homère et 24 figures par Marillier, gravés par
Dambrun, Delignon, de Ghendt, de Launay, Lingée, Patas,
Ponce et Trière; et en outre une carte géographique. Sur l'é-
dition in-4 les figures sont encadrées et se trouvent avant la
lettre. Sur l'édition in-8 le cadre a été enlevé et la lettre
ajoutée.

Malgré le titre d'Œuvres complètes d'Homère, cette édition ne contient que l'Iliade.

— *L'Iliade* d'Homère. Nouvelle traduction. Paris, 1773. 3 vol. grand in-8. — 3 très beaux frontispices par Cochin, gravés par Gaucher, Romanet et Saint-Aubin.

— *L'Iliade* d'Homère, traduite en vers françois par M. de Rochefort, de l'Académie royale des inscriptions et belles lettres. Nouvelle édition. Paris, de l'Imprimerie royale, 1781. In-4. — 1 fleuron sur le titre et 24 vignettes par Biosse.

— *L'Odyssée* d'Homère, traduite en vers françois par M. de Rochefort, de l'Académie royale des inscriptions et belles-lettres. Paris, de l'Imprimerie royale, 1782. In-4. — 1 fleuron sur le titre et 24 vignettes par Biosse.

— *Les Œuvres* d'Homère traduites du grec par Mme Dacier, avec l'introduction en 7 volumes. (C'est le faux titre; les titres portent : *Introduction,* etc.; *l'Iliade,* etc.; et *l'Odyssée,* etc.) Amsterdam, J. Wetstein, 1731. 7 vol. in-12. — 3 frontispices, un fleuron qui se répète sur le titre de chaque volume, 24 figures pour *l'Iliade,* par B. Picart, 24 pour *l'Odyssée,* très-inférieures, par Farret, gravées par Jongm. et V. Buysen, et 5 planches de monumens.

Dans la réimpression de Leyde de 1766, les épreuves sont usées.

HORACE. *Quinti Horatii Flacci opera.* Londini æneis tabulis incidit Johannes Pine, 1733-1737. 2 vol. in-8, texte gravé. — 2 fleurons et 257 illustrations en tant que frontispices, grandes figures, vignettes et culs-de-lampe à sujets, sans compter 27 en-têtes plus ou moins ornés.

Magnifique ouvrage, très-recherché, auquel il ne manque

que plus de finesse dans l'exécution et plus de connaissance de l'antique dans le dessin des médailles, dont beaucoup sont prises d'après des auteurs connus pour le nombre de pièces fausses qu'ils ont publiées.

IMBERT. *Fables nouvelles* dédiées à Madame la Dauphine. Amsterdam et Paris, Delalain, 1773. In 8. — 1 frontispice par Moreau, gravé par Née.

— *Historiettes et Nouvelles* en vers, par M. Imbert. Seconde édition, revue, corrigée et augmentée par l'auteur. Amsterdam et Paris, Delalain, 1774. In-8. — 1 titre dessiné et gravé par Moreau, 1 figure et 4 charmantes vignettes par Moreau, gravées par Masquelier et Née.

— *Le Jugement de Pâris*, poëme en IV chants, par M. Imbert. Amsterdam (Paris), 1772. In-8. — Titre gravé par Moreau; 4 figures par Moreau, gravées par Née, Duclos, Masquelier et Delaunay, et 4 vignettes par Choffard.

Très-jolies illustrations; mais les vignettes de Choffard ne sont pas de ses meilleures. Cet ouvrage existe en grand papier.

JEUX DE CALLIOPE (Les), ou Collection de poëmes anglois, italiens, allemands et espagnols, en 2, 3 et 4 chants. Londres et Paris, Ruault, 1776. In-16. — 4 figures par Gibelin, gravées par Marchand.

J'ignore si cet ouvrage a été continué. Cette première partie contient l'Économie de l'amour, poëme en 4 chants, imité de l'anglais du Dr Armstrong.

JOMBERT. *Catalogue* de l'œuvre de Ch. Nic. Cochin fils, etc., par Charles Antoine Jombert. Paris, Prault, 1770. In-8. — 1 fleuron sur le titre et 1 vignette sur laquelle se voit le portrait de Cochin, par Prévost.

Ouvrage très-utile pour les renseignements sur Cochin.

Joujou (Le) des demoiselles, avec de nouvelles gravures. In-4. — 1 frontispice et 52 vignettes (dont plusieurs sont libres) au bas desquelles sont des poésies dont le texte est gravé.

JUNQUIÈRES. *Caquet-bon-bec*, la Poule à ma tante, poëme badin. Seconde édition, revue, corrigée et augmentée d'un chant. (Paris), 1763. Petit in-8. — 1 figure par Gravelot, gravée par Baquoy.

LABORDE (De). *Choix de chansons* mises en musique par M. de Laborde, premier valet de chambre ordinaire du roi, gouverneur du Louvre, ornées d'estampes par J. M. Moreau, dédiées à Mme la Dauphine. Paris, de Lormel, 1773. 4 vol. grand in-8, souvent reliés en 2. Le texte et la musique sont gravés par Moria et Mlle Vendôme. — 1 titre gravé avec fleuron par Moreau, 4 frontispices par Moreau, Le Bouteux et Le Barbier, gravés par Masquelier et Née, et 100 figures par Moreau, Le Barbier, Le Bouteux et Saint Quentin, gravées par Moreau, Masquelier et Née. Dans quelques exemplaires on a ajouté un portrait de Laborde.

Ce livre, un des plus beaux du XVIIIe siècle, en est peut-être, avec les Contes de La Fontaine, le plus agréable par la grâce des sujets et la variété des costumes qui y sont représentés. Le premier volume (par Moreau) est encore supérieur aux trois autres, et il existe quelques exemplaires très-rares de cet ouvrage où les gravures de ce volume sont avant la lettre. (Le frontispice du tome II est daté de 1774.) La musique de Laborde, assez agréable, manque d'originalité, fourmille de fautes d'harmonie dans les accompagnements, et a le grave défaut d'être écrite dans un diapason d'une hauteur fabuleuse et en même temps beaucoup trop étendu.

— *Essai sur la musique ancienne et moderne*. Paris, Pierus et Onfroy, 1780. 4 vol. in-4. — 6 vignettes par Malapeau et Masquelier, 59 figures par Bouland, Mirys et Paris, gravées par Bouland, Chenu, Picquenot et Mme Ponce, et 132 planches de musique.

LA BRUYÈRE. Voyez THÉOPHRASTE.

LACHAU (De) et LEBLOND. *Description des principales pierres gravées* du cabinet de S. A. S. Monseigneur le duc d'Orléans, premier prince du sang. Paris, Lachau, Leblond et Pissot, 1780. 2 vol. in-fol. — Superbe frontispice par Cochin, gravé par Saint-Aubin, représentant le duc d'Orléans; 1 fleuron sur le titre qui se répète sur celui du 2e volume, par Saint-Aubin; 79 pierres gravées par Saint-Aubin (non signées), 2 vignettes dont l'une de Cochin, gravée par Saint-Aubin et l'autre de Saint-Aubin seul, et 55 admirables culs-de-lampe par Saint-Aubin, dont quelques-uns non signés. Les exemplaires complets de ce remarquable ouvrage contiennent, en outre, à la fin, 1 frontispice et 7 planches de médailles spintriennes, dessinés et gravés par Saint-Aubin.

Il a été fait un nouveau tirage des spintriennes, mais les épreuves en sont bien moins belles.

LA FONTAINE. *Fables choisies*, mises en vers par J. de La Fontaine. Paris, Desaint et Saillard, 1755-1759. 4 vol. in-folio. — 1 frontispice par Oudry, terminé par Dupuis et gravé par Cochin, et 276 figures par Oudry, gravées par Aubert, Aveline, Baquoy, Beauvais, Beauvarlet, Cars, Chedel, Chenu, Chevilet, Cochin, Cousinet (Élisabeth), Dupuis, Duret, de Fehrt, Fessard, Flipart, Floding, Gaillard, Gallimard, Lebas, Legrand, Lemire, Lempereur, Martenasie, Marvil, Menil, Moitte, Ouvrier, Pasquier, Pelletier, Pitre, Poletnich, Prévost, Radigues, Riland, Rode, Salvador, Sornique, Surugue, Tardieu et Teucher.

Les dessins d'Oudry n'étaient que des esquisses. Ils furent retouchés sur les épreuves au crayon noir et blanc par Cochin, qui fit lui-même tous les traits pour les graveurs.

Cette merveilleuse édition a été tirée sur papier ordinaire, sur moyen papier de Hollande, sur très-grand papier, dit impérial, et sur très-grand papier de Hollande. Ce dernier est fort rare et cher.

— *Fables choisies*, mises en vers par J. de La Fontaine. Leide, 1761-1786, et plus tard avec un nouveau titre gravé portant : Amsterdam, chez J. Van Gulik, 1802. 6 vol. in-8.
— 1 portrait de La Fontaine, de Rigault, gravé par Picart, 1 frontispice et 276 figures d'après Oudry, gravées dans les deux premiers volumes par Punt et Delfos, et dans les quatre suivants par Vinkeles. Le frontispice est par Vinkeles et porte la date 1787 ; par conséquent il manque quelquefois dans les exemplaires qui ont le titre primitif.

Les gravures sont très-belles, et il existe des exemplaires de cet ouvrage sur papier de Hollande ; mais le texte étant détestable comme impression et comme incorrection, cela n'augmente en rien la valeur du livre.

Il est difficile de trouver les figures du 11e et du 12e livre en belles épreuves ; elles sont souvent brunes d'impression.

— *Fables choisies*, mises en vers par J. de La Fontaine. Nouvelle édition, gravée en taille-douce. Les figures par l sieur Fessard. Le texte par le sieur Montulay. Dédiées aux enfants de France. Paris, chez l'auteur, 1765-1775. 6 vol. in-8.
— 250 figures, compris les titres et le frontispice, et 450 vignettes et culs-de-lampe par Bardin, Bidault, Caresme, Desrais, Houël, Huet, Kobell, Leclère, Leprince, Leutherbourg, Meyer et Monnet. Le nom de Montulay ne paraît que sur les titres des deux premiers volumes ; sur celui du troisième on voit celui de Drouët, et les trois derniers ne portent pas le nom du graveur du texte.

Cette édition, dont les gravures ne sont pas des plus belles, est cependant assez recherchée, surtout en ancienne reliure en maroquin. En tout cas, il faut avoir soin de choisir les exemplaires du premier tirage, et rejeter absolument ceux où le nom de Deslauriers, papetier, remplace celui de l'auteur. Le papier des bons exemplaires est fort beau.

— *Fables choisies*, mises en vers par J. de La Fontaine. Bouillon, 1776. 4 vol. in 8. — 1 frontispice d'après celui d'Oudry et 248 figures très-mal copiées ou imitées d'Oudry, dont quelques-unes portent le nom des graveurs Alard, Bertin, Crescent et Savart.

— *Fables* de La Fontaine, avec figures gravées par MM. Simon et Coiny. Paris, Didot l'aîné, 1787. 6 vol. in-18, papier vélin. — 1 frontispice et 274 figures, qu'il faut avoir soin de choisir avant les numéros.

— *Contes et Nouvelles* en vers de La Fontaine. Amsterdam (Paris, David jeune), 1745. 2 vol. petit in-8. — 1 beau frontispice, 2 fleurons sur les titres et 70 vignettes par Cochin, gravés par Chedel, Fessard et Ravenet, sans signatures de dessinateurs ni de graveurs. Les Contes « On ne s'avise jamais de tout » et « A femme avare » passent pour avoir été gravés par Larmessa, d'après les tableaux de Lancret.

Ces figures sont peut-être les plus réservées de toutes celles qui ont été faites sur les Contes de La Fontaine.

Nota. Je ne cite que pour mémoire les Contes de La Fontaine, avec les figures de Romain de Hooge, dont la première et meilleure édition est de 1685.

— *Contes et Nouvelles* en vers, par M. de La Fontaine. Amsterdam (Paris, Barbou), 1762. 2 vol. in-12. — Portraits de La Fontaine, d'après Rigault, gravé par Ficquet ; d'Eisen, d'après Vespré, gravé par Ficquet, et de Choffard, en cul-de-lampe, fait par lui-même ; 80 figures par Eisen, gravées par Aliamet, Baquoy, Choffard, Delafosse, Flipart, Lemire, Leveau, Longueil et L'Ouvrier, 4 vignettes, dont 2 grandes, et 53 culs-de-lampe, par Choffard, non compris celui où est son portrait, faisant en totalité 140 morceaux de gravure.

Parmi les livres illustrés du XVIIIe siècle, cette édition des Contes de La Fontaine, dite des fermiers généraux, est l'ouvrage dont l'ensemble est le plus beau et le plus agréable. Aussi, quoique assez commun, est-il très-recherché et d'un prix élevé, surtout lorsque les épreuves sont de premier choix. Elle a eu une réimpression en 1792, et deux contrefaçons, en 1764 et 1777, faciles à reconnaître parce que les figures y sont retournées. Ainsi, sur la première de Joconde, Joconde, qui est tourné à gauche dans l'édition originale, l'est à droite dans la contrefaçon. En outre, dans une édition sans date, avec l'indication de Londres (2 vol. in-12), ces figures ont été copiées par Martinet.

Six figures, découvertes dans l'origine, ont été couvertes en-

suite; ce sont : le Cas de conscience; le Diable de Papéfi-
guière; les Lunettes; le Bât; le Rossignol; et enfin Richard
Minutolo, dont la gravure double, dans l'exemplaire de Labédoyère, vendu à la vente Capé, montrait la robe de la femme
un peu relevée. Les deux premières se rencontrent fréquemment, mais les quatre dernières sont extrêmement rares.

Outre ces six figures, découvertes dans l'origine, il paraît
que la première du Roi Candaule a été modifiée également.; et
quant au Remède, sur de certains exemplaires, les rideaux sont
ornés et le parquet terminé, et sur d'autres ils ne le sont pas.
Enfin plusieurs figures ont été gravées deux fois par des artistes différents.

Un assez grand nombre de figures furent rejetées par la société
des amateurs à qui l'on doit cette édition, et remplacées par
d'autres : les unes parce qu'elles étaient trop libres, telles que
le Tableau et la Servante justifiée, les autres parce qu'elles
n'étaient pas assez bien exécutées. En général elles sont un
peu plus petites que les bonnes. Voici le nom de celles qui
sont venues à ma connaissance, et que quelques curieux ajoutent à leurs exemplaires :

Tome I : Le Cocu battu et content; le Savetier; la Servante justifiée; la Gageure des trois commères (2e gravure);
le Calendrier des vieillards; A femme avare galant escroc; On
ne s'avise jamais de tout; la Coupe enchantée; le Petit
Chien; la Clochette; le Juge de Mesle; Sœur Jeanne.

Tome II : Les Oies du frère Philippe; l'Oraison de saint
Julien; la Mandragore; les Rémois; Comment l'esprit
vient aux filles; le Tableau; le Contrat; le Rossignol (autre
que la figure qui a été citée plus haut).

Il paraîtrait qu'il existe encore : Le Gascon puni; le Pâté
d'anguille; le Baiser rendu; le Berceau; et Mazet.

Je dois à l'obligeance de M. Lemaire Mallebay, amateur des plus distingués, de pouvoir donner connaissance du très-curieux prospectus suivant, rédigé par le libraire qui a fait imprimer l'édition de 1792. Je le donne en entier, sans rien changer au style, à l'orthographe ni à la ponctuation.

CONTES DE LA FONTAINE.

Edition dite des Fermiers-Généraux, donnée au Public par une Société d'Amateurs en 1762 ; deux volumes in-8 ; enrichie de 144 morceaux de Gravures des plus grands Maîtres.

Cette Edition, généralement regardée comme la précieuse (*sic*) de la littérature, est plus connue à Paris que dans le reste du royaume, parce qu'ayant été annoncée comme faite à Amsterdam, sans nom de Libraire, la Province n'a pas su à qui s'adresser pour en avoir.

Quoiqu'elle soit parfaitement connue des amateurs, on en donne en substance l'annonce ; car, manquant absolument à la Librairie depuis 1767, beaucoup de personnes ont été trompées par une contrefaction qui a eu lieu en 1764 (1), et qui se vend encore aujourd'hui ; et d'autres ont été rebutées par les prix exorbitants qu'on les payoit, même dans les ventes (2).

Il y a 144 morceaux de Gravures, qui consistent en deux Portraits, quatre-vingt-trois Estampes, six Médaillons, et cinquante-trois Culs-de-lampes.

Le portrait de la Fontaine regarde le frontispice du premier volume.

Celui de M. Eissen, Dessinateur, regarde le frontispice du tome deuxième.

Ces portraits ont été gravés par M. Fiquet, homme unique en ce genre.

Les Estampes dessinées par M. Eissen expriment sans obscénité

1. Il paraît que ce libraire n'a pas eu connaissance de celle de 1777.

2. Que diraient ces personnes, si elles vivaient aujourd'hui, du prix de tous les exemplaires en général, et surtout de celui qui a été payé 7,000 fr. à la vente de M. Brunet, grâce à la reliure de Derome ?

les instans les plus piquants des Contes : on reconnoît dans plusieurs la touche de Rubens, dans d'autres celle de Teniere, dans la plupart celle des Graces.

MM. Aliamet, Flipart, Lemire, Longueil et autres, ont répandu dans la Gravure de ces Estampes toute la force et le charme de leur art ; le goût, l'élégance, le précieux fini de la Mignature, s'y trouvent réunis.

M. Choffart, dont le talent dans le genre Arabesque est supérieur, a composé et gravé les Culs-de-lampes ; ils sont allégoriques aux sujets et généralement goûtés ; le portrait de cet artiste célèbre est placé en médaillon dans les ornemens du Cul-de-lampe du Rossignol.

Il y a quatre gravures d'augmentation, dont une dans le Faucon (1), une dans la Coupe enchantée, une autre dans l'Amandragore (sic), et un Cul-de-lampe représentant le Tombeau de la Fontaine, placé à la fin de sa Vie. Nous ignorons les motifs qui les avaient fait manquer aux Exemplaires qui ont été vendus, ayant trouvé les cuivres et les figures de tirés.

La Typographie est parfaite, ayant fait les dépenses de la faire réimprimer d'un plus beau caractère et dessus plus beau papier.

Cet ouvrage, le plus précieux de son genre, séquestré depuis 1767 par des circonstances particulières, a été tiré, pour les figures, au nombre de deux mille, ayant trouvé douze cents de chaque figures (sic) de tirés : (2) on a reconnu par la recherche et vérification des registres et papiers de comptabilité, trouvés dans le marché lors de l'acquisition, qu'il n'en avoit été vendus que huit cents Exemplaires, et que les deux mille de figures ont été tirés de suite, et employés indistinctement, sans choix, ayant trouvé sur les chemises de chaque cent de Figures beaucoup plus du premier mille que du deuxième (3) ; ce qui satisfera les Amateurs, qui pourront se procurer des premières et

1. Il paraît que cette gravure, placée effectivement au Faucon, appartient à l'Oraison de saint Julien.

2. Cette phrase est incompréhensible ponctuée ainsi. La voici rétablie : « Cet ouvrage, etc , a été tiré, pour les figures, au nombre de deux mille : ayant trouvé douze cents de chaque figure de tirés, on a reconnu, etc. »

3. Il n'en est pas moins vrai que les figures de l'édition de 1792 sont généralement plus faibles que celles de 1762 ; et si effectivement, après vérification faite par le libraire Chevalier, il en existait en 1792 plus du premier mille que du second, les figures de cette réimpression devraient au contraire être meilleures que celles de l'édition première. Il y a ici erreur ou mauvaise foi.

belles épreuves. Ces 1200 exemplaires de vendus, on ne sera pas certain d'en avoir d'aussi belles.

Le prix des deux volumes est de 60 livres, brochés.

On en trouve de reliés en veau et maroquin de plusieurs façons.

Le prix des reliures se paye à part aux prix déboursés.

Ils se vendent chez CHEVALIER, Libraire, au Vieux Louvre, Porte du Cadran, ci-devant Royale (1).

A PARIS.

Pour éviter toute contrefaction, chaque Exemplaire sera signé de sa main.

De l'Imprimerie de Ramet, rue basse des Ursins, en la Cité, n° 2.

Pour en finir avec ce qui concerne cette édition, je ferai observer : 1° qu'il y a des exemplaires de 1792 où l'on a placé un titre qui porte la date de 1762, mais auxquels il est facile de ne point se laisser tromper, parce qu'outre l'aspect général de l'impression, on trouve à la fin de la Vie de La Fontaine le cul-de-lampe représentant son tombeau, qui ne se voit pas dans la véritable édition ; 2° que les culs-de-lampe existent tirés à part, et que des amateurs les ont quelquefois placés dans leurs exemplaires ; 3° que des curieux ont ajouté au portrait de La Fontaine qui appartient à l'ouvrage ce même portrait dans d'autres états, lorsqu'ils ont eu la chance de le rencontrer ; 4° que le portrait d'Eisen est souvent faible, ayant été gravé sur du cuivre trop mou ; 5° enfin, que les dessins originaux d'Eisen se trouvent dans un exemplaire qui a été, il y a quelques années, en la possession de Mme Doche.

— *Contes et Nouvelles* de La Fontaine. Londres (Paris, Ca-

1. Ces mots *ci-devant Royale* sont les seuls qui fassent reconnaître que ce prospectus est de 1792.

zin,) 1778. 2 vol. in-18. Voyez Recueil des meilleurs Contes en vers.

— *Contes et Nouvelles* en vers, par J. de La Fontaine. Londres (Paris, Cazin), 1780. 2 vol. in-18. — 1 portrait de La Fontaine, d'après celui de l'édition des fermiers généraux, avec le loup et l'agneau en bas (non signé) et 24 charmantes figures par Desrais et Goujet (une seule), gravées par Aveline, Delvaux, Deny, Groux, M^m Lingée, Maillet, H. y. et R D**. Trois ou quatre figures n'ont pas de signatures soit du dessinateur, soit du graveur.

— *Contes et Nouvelles* en vers, par Jean de La Fontaine. Paris, Didot l'aîné, 1795. 2 vol. in-4. — 1 fleuron par Choffard, qui sert pour les deux volumes, et 25 figures par Fragonard, Mallet et Touzé, gravées par Aliamet, Dambrun, Delignon, Dupréel, Halbou, Lingée, Patas, Tilliard et Trière.

Cet ouvrage n'a pas été achevé quant aux figures ; le premier volume seul en a, et même dans la plupart des exemplaires il ne s'en trouve que 20. Il en existe encore 12 à l'état d'eaux-fortes plus ou moins terminées, extrêmement rares, ce qui porte le nombre total à 37.

— *Les Amours de Psyché et de Cupidon*, avec le poëme d'Adonis, par La Fontaine. Paris, Didot le jeune, l'an troisième (1795). In-4, papier vélin. — 1 portrait d'après Rigault, gravé par Audouin, et 8 figures par Moreau, gravées par Dambrun, Duhamel, Dupréel, de Ghendt, Halbou, Petit et Simonet.

Les huit figures qui ornent cette édition ont été réduites et placées dans celle de 1797. 2 vol. in-18.

LA HARPE. *Tangu et Félime*, poëme en 4 chants, par M. de

La Harpe, de l'Académie française. Paris, Pissot, 1780. Petit in-8. — 1 titre gravé par Marillier et 4 très-jolies figures par Marillier, gravées par Dambrun, de Ghendt, Halbou et Ponce.

LALMANT. *Le Pot-pourri* de Loth. Voyez Sedaine, à la Tentation de saint Antoine.

LA MOTHE LEVAYER. *Tarsis et Zélie*, nouvelle édition. Paris, Musier fils, 1774. 3 vol. grand in-8. — 3 frontispices par Cochin, Moreau et Eisen, gravés par Gaucher, Ponce et Née, 3 fleurons sur le titre, gravés par Née, et 20 vignettes par Eisen, gravées par Helman, de Longueil, Masquelier, Massard, Née et Ponce.

Illustrations admirables. Les beaux exemplaires sont sur papier de Hollande.

LA MOTTE (Houdard de). *Fables nouvelles* dédiées au Roy, par M. de La Motte, de l'Académie françoise. Paris, Grégoire Dupuis, 1719. In-4. — 1 portrait par Ranc, gravé par Edelinck; 1 fleuron sur le titre par Vleughels, gravé par Simoneau; 1 frontispice par Coypel, gravé par Tardieu, et 90 vignettes par Coypel, Gillot, Masselin, B. Picart et Ranc, gravées par Cochin, Gillot, Edelinck, B. Picart, Simoneau et Tardieu.

Très-belle édition, rare et recherchée.

LANGEAC (De). *Colomb dans les fers*, à Ferdinand et Isabelle, après la découverte de l'Amérique, épître qui a remporté le prix à l'Académie de Marseille, précédée d'un précis histo-rique sur Colomb, par M. le chevalier de Langeac. Londres et Paris, Alexandre Jombert, 1782. In-8. — Superbe frontis-

pice par Marillier, gravé par Delaunay jeune, 1 vignette et 1
cul-de-lampe très-jolis, par les mêmes.

LAUJON (De). *Les A propos* de la société, ou Chansons de
M. L.... (Paris), 1774. 2 vol. in-8, avec musique notée. —
1 frontispice par Moreau, servant à chaque volume; 2 figures
par Moreau, gravées par Delaunay et Simonet; 2 vignettes et
2 culs-de-lampe par Moreau, gravés, les vignettes par Duclos
et Martini et les culs-de-lampe par Delaunay.

On y ajoute :

Les A propos de la folie, ou Chansons grotesques, grivoises
et annonces de parade. (Paris), 1776. In-8, avec musique
notée. — 1 frontispice, 1 figure et 1 vignette par Moreau,
gravés par Martini, et 1 cul-de-lampe par Moreau seul.

Les illustrations sont d'une beauté et d'une grâce ravissantes.

— *L'Amoureux* de quinze ans, ou la Double Fête, comédie
en trois actes et en prose, mêlée d'ariettes, dédiée à S. A. S.
Monseigneur le duc de Bourbon. Les paroles sont de M. Laujon, la musique de M. Martiny. Paris, Vᵉ Duchesne, 1771.
In-8. — 1 figure par Gravelot, gravée par Duclos.

LA VALLIERE (Duc de). *Bibliothèque* du Théâtre François
depuis son origine, contenant un extrait de tous les ouvrages
composés pour ce théâtre depuis les mystères jusqu'aux pièces
de Pierre Corneille; une liste chronologique de celles composées depuis cette dernière époque jusqu'à présent; avec
deux tables alphabétiques, l'une des auteurs et l'autre des
pièces. Dresde (Paris), Michel Groell, 1768. 3 vol. petit in-8.
— 3 frontispices par Cochin, gravés par Massard et Delaunay;
5 vignettes par Eisen et Carpentier, gravées par Massard et

Bosse, et 3 culs-de-lampe, dont 2 par de Sève, gravés par Fessard, et 1 dessiné et gravé par Martinet.

LE FRANC DE POMPIGNAN. *Œuvres diverses* de M. L* F****, troisième édition, ornée de figures en taille-douce. Paris, Chambert, 1753. 3 vol. in-16, dont le 3ᵉ est intitulé : Poésies sacrées de Monsieur L* F****, 1754. Ce volume n'a qu'une vignette par Gravelot, gravée par Fessard. Les deux autres ont un frontispice daté de 1747, par Humblot, gravé par Lebas, et 3 figures, dont une non signée, gravée par Lebas, et les deux autres par Clauvreau, gravées par Fessard.

— *Poésies sacrées* et philosophiques, tirées des livres saints par M. Le Franc de Pompignan, nouvelle édition, considérablement augmentée et enrichie de gravures. Paris, Prault, 1763. Grand in-4. — Un fleuron sur le titre par Eisen, gravé par Lemire, et 6 vignettes par Cochin, gravées par Prévost.

LEMIERRE. *La Peinture*, poëme en trois chants par M. Lemierre. Paris, Le Jay, sans date, mais l'approbation porte la date 1769. In-8. — Un titre gravé, sur lequel est un médaillon offrant le portrait du grand Corneille, par Saint-Aubin (on lit au-dessous, en caractères microscopiques : A. S. del. sc.), et 3 belles figures par Cochin, gravées par Prévost, Ponce et de Saint-Aubin. Papier de Hollande.

Le seul reproche qu'on puisse adresser aux estampes est que les figures y sont trop grandes pour le cadre resserré du format in-8.

LE MONNIER. *Fables, Contes et Épîtres*, par M. l'abbé Le Monnier. Paris, Jombert et Cellot, 1773. In-8. — Une belle figure par Cochin, gravée par Prévost.

:LÉONARD. *Œuvres de M. Léonard.* Paris , Prault, 1787.
2 vol. in-12.   7 figures par Coiny et Vivier.

— *Le Temple de Gnide*, poëme imité de Montesquieu, par
M. Léonard. Nouvelle édition ornée de tailles-douces et augmentée de l'Amour vengé. Paris, Dufour, 1773. In-8. — Un
frontispice et 11 figures par Desraïs, gravées par de Mouchy.,
Levillain et Patas.

LE SAGE. *Histoire de Gil-Blas de Santillane*, par M. Le Sage.
Paris, par les Libraires associés, 1747. 4 vol. in-12. —
23 figures.

Il existe deux éditions sous la même date. L'originale se
reconnaît de la copie ou contrefaçon à ce que les figures sont
retournées sur la dernière. Ainsi sur la première figure du
premier volume, le chanoine doit être à gauche au lieu qu'il
est à droite sur la copie. En outre, le fleuron imprimé au haut
de la première page représente un temple sur l'édition originale et un ornement sur la contrefaçon.

— *Histoire de Gil Blas de Santillane*, par Le Sage. Édition
ornée de figures en taille-douce, gravées par les meilleurs artistes de Paris. Paris, Didot jeune, an III (1795). 4 vol. in-8.
— 100 figures charmantes par Bornet, Charpentier et Duplessi-
Bertaux, gravées sous la direction de Hubert.

Cet ouvrage existe en grand papier vélin avec les figures
avant la lettre.

— *Histoire de Guzman d'Alferache*, nouvellement purgée des
moralitez superflués par Monsieur Le Sage. Paris, Étienne Ga-
neau, 1732. 2 vol. in-12. — 1 frontispice et 16 fig. gravées
par Scotin.

— *Œuvres choisies de Le Sage*, avec une Notice sur Le Sage
(par Mayer). Amsterdam (Paris), 1783, 15 vol. in-8. — Un
portrait par Guétard, et 34 figures par Marillier, gravées par
Borgnet, Dambrun, Delaunay, Delignon, Delvaux, Duclos,
Halbou, Langlois, Lebeau, Longueil, Macret, Patas, Pauquet
et Mme Ponce.

LONGUS. *Les Amours pastorales de Daphnis et Chloé* (traduites du grec par Amyot), avec figures. (Paris), Quillau,
1718. Petit in-8. — 1 frontispice par Coypel, 28 figures par
Philippe d'Orléans, le régent, gravées par Audran, une gravure par le comte de Caylus, connue sous le nom des *petits
pieds*, et une vignette par Scotin. Les lettres capitales qui com-
mencent chaque livre sont ornées.

Cette édition, très-recherchée, existe sur deux papiers dont
l'un est un peu plus grand que l'autre. Les réimpressions de
cet ouvrage, dans le même format ou in-4 avec texte encadré,
ont beaucoup moins de valeur, parce que les épreuves sont
usées ou retouchées. Il faut avoir soin, dans l'édition originale,
que la gravure des *petits pieds* s'y trouve.

— *Les Amours pastorales de Daphnis et Chloé*. Traduction
nouvelle, par Pierre B***. Avec quatre jolies figures dessinées
par Monsiau et gravées par Pauquet et Dupréel. Paris, Ma-
radan, an VI (1798. In-16). — Les quatre figures mention-
nées et un frontispice par Dupréel.

Existe sur papier vélin et avec les figures avant la lettre.

— *Les Amours pastorales de Daphnis et de Chloé*, traduites du
grec de Longus par Amyot. Paris, Didot l'aîné, 1800. Grand
in-8 papier vélin. — 8 figures par Prudhon et Gérard, gravées
par Godfroy, Marais, Massard et Roger.

Les planches existent aussi avec un cadre au bas des gravures, avant toutes lettres. Dans les exemplaires complets, le
texte grec de Longus, en 133 pages, doit se trouver à la fin.

LOUIS XI. *Les Cent Nouvelles nouvelles*. Suivent les Cent
Nouvelles contenant les Cent Histoires nouveaux (*sic*) qui sont
moult plaisans à raconter en toutes bonnes compagnies par
manière de joyeuseté. Cologne, chez Pierre Gaillard, 1701.
2 vol. in-12. — Un frontispice par R. de Hooge, gravé par
Vander Gouwen, 100 figures à mi-page, 1 vignette et 1 cul-de-
lampe par les mêmes, non signés.

Il existe deux éditions de ce livre sous la même date :
l'une avec les figures à mi-page, l'autre avec les figures tirées
à part. Malgré l'incertitude de Brunet sur la priorité de ces
deux éditions, dans tous les exemplaires que j'ai vus avec les
figures tirées à part, les épreuves sont moins bonnes que dans
ceux où elles sont à mi-page.

LOUVET. *Les Amours du chevalier de Faublas*, par J. B. Louvet, 3e édition, revue par l'auteur. An VI de la République
(1798). 4 vol. in-8. — 27 figures par Demarne, Dutertre,
Mlle Gérard, Marillier, Monsiau et Monnet, gravées par Baquoy, Choffard, Courbe, Dambrun, Delaunay, Delvaux, Dupréel, de Ghendt, Giraud, Halbou, Lemire, Patas, Saint-Aubin, Tilliard, Trière et Viguet.

Cette édition existe sur papier ordinaire et sur papier vélin.
Dans les exemplaires sur papier vélin, les figures sont avant la
ettre. Il y en a où des amateurs ont placé quelques figures
doubles, soit dans d'autres états, soit tout à fait différentes,
l'éditeur n'ayant probablement pas été satisfait de deux ou
trois figures comme elles avaient été faites primitivement.

LUCAIN. *La Pharsale de Lucain*, traduite en françois par M. Marmontel, de l'Académie françoise. Paris, Merlin, 1766. 2 vol. in-8. — 1 frontispice et 10 figures par Gravelot, gravés par Duclos, de Ghendt, Le Mire, Née, Rousseau et Simonet.

LUCRÈCE. *Lucrèce*, De la nature des choses, traduction nouvelle (et texte en regard) avec des notes, par L* G* (Lagrange). Bleuet, 1768. 2 vol. grand in-8, papier de Hollande. — 1 frontispice et 6 figures par Gravelot, gravées par Binet.
Très-belle édition ; assez belles gravures.

— *Lucrèce*, De la nature des choses, traduction de Lagrange. Paris, Bleuet, an III (1795). 2 vol. in-8. — 1 frontispice et 6 figures non signés.
Il en existe sur grand papier vélin. Sur ces exemplaires les figures sont avant la lettre.

— *Di Tito Lucrezio Caro*, della natura delle cose, libri sei, tradotti dal latino in italiano da Alessandro Marchetti, etc. Amsterdam (Paris), 1754. 2 vol. grand in-8, papier de Hollande. — 2 frontispices et 2 titres par Eisen, gravés par Le Mire ; 6 figures par Cochin et Le Lorrain (une seule par celui-ci), gravées par Aliamet, Lemire, Sornique et Tardieu ; 7 vignettes, dont 6 par Cochin, gravées par Baquoy, Chenu, Flipart, Gellinard et Lemire, et 1 par Eisen, gravée par Sornique ; et 5 culs-de-lampe, dont 2 grands, par Cochin, Eisen et Vassé, gravés par Aliamet, Baquoy, Gellinard et Louise L. D.
Les illustrations de ce livre sont de la plus grande beauté, surtout la figure du troisième livre par Cochin, et le grand cul-de-lampe à la suite du même, par Eisen.

LUSSE (De). *Recueil de Romances historiques*, tendres et

11

burlesques, tant anciennes que modernes, avec les airs notés,
par M. de L. 1767. 2 vol. in-8. — 1 frontispice par Eisen,
gravé par de Longueil, et 1 fleuron sur le titre par Eisen,
gravé par Aliamet.

Il existe des exemplaires sur papier de Hollande.

M

MAILHOL. *L'Avare*, comédie de Molière, en cinq actes, mise en vers avec des changements par M. Mailhol. Bouillon, de l'imprimerie de la Société typographique, 1775. In-8. — Une vignette sur le titre par Bertin.

Mailhol dit dans sa préface qu'il a cru pouvoir suivre l'exemple du poëte qui a mis en vers le Festin de Pierre. Malheureusement Mailhol n'était pas tout à fait de la force de Thomas Corneille.

— *Le Prix de la Beauté, ou les Couronnes*, pastorale en trois actes et un prologue, avec des divertissemens sur des airs choisis et nouveaux. Paris, de Lormel, 1760. In-4. — 1 frontispice par Martinet, gravé par Thérèse Martinet, 1 fleuron sur le titre, dessiné et gravé par Martinet, 1 vignette, 1 lettre ornée, 4 figures ravissantes par Martinet, et 1 cul-de-lampe par Thérèse Martinet. Le frontispice est répété au devant des 45 planches gravées de musique et texte qui se trouvent à la fin.

Très-rare.

— *Lettre* en vers de Gabrielle de Vergy à la comtesse de

Raoul, sœur de Raoul de Coucy, par M. Mailhol, suivie de la romance, etc. Paris, veuve Duchesne, 1766. In-8. — 1 figure et 1 vignette par Eisen, gravées par Longueil. La vignette n'est pas signée.

MALFILATRE. *Narcisse dans l'île de Vénus*, poëme en quatre chants. Paris, Lejay, sans date (1769 imprimé à la fin). In-8. — Un titre par Eisen, gravé par de Ghendt, et 4 figures par Saint Aubin, gravées par Massard (la troisième n'est pas signée).

Les estampes sont assez médiocres, surtout sur les exemplaires en petit papier: J'en ai vu un sur très-grand papier, chez M. Fontaine, où le titre se trouve dans les trois états d'eau-forte, avant la lettre et avec la lettre.

MARGUERITE DE NAVARRE. *Heptaméron français*. Les Nouvelles de Marguerite, reine de Navarre. Berne, chez la nouvelle Société typographique, 1780-1781. 3 vol. in-8. — Un frontispice par Dunker, gravé par Eichler, qui sert à chaque volume; 73 figures par Freudenberg, gravées par Guttenberg, Halbou, Henriquez, de Launay jeune, de Longueil, le Roy, MMmes Duflos et Thiébault; 72 vignettes et 72 culs-de-lampe par Dunker, gravés par lui-même, Eichler, Pillet et Ricter.

Édition très-médiocre, incorrecte, et qui a surtout le grand défaut de ne pas donner le texte original de la reine de Navarre; mais les figures, quoiqu'un peu raides, sont très-jolies et gravées avec une finesse remarquable. Dans les bons exemplaires le premier volume n'a pas de numéros d'ordre au bas des gravures, et le second n'en a que très-peu. Le troisième en a toujours; mais il faut se procurer des exemplaires très-grands de marges, parce que les numéros sont placés si bas que, quelquefois par inadvertance, mais souvent par supercherie, on les a coupés en rognant les volumes pour les relier. Le papier du troisième volume est toujours inférieur à celui des deux premiers ; mais dans les mauvais exemplaires il est beaucoup plus mince.

Nota. Dans le tome Ier, après la page 166, la pagination reprend à 161 et continue ainsi jusqu'à la fin.

Cette édition a été réimprimée en 1790. Quoique la réimpression soit moins estimée que l'édition originale, il n'est nullement sûr (Voyez Brunet, à l'article Marguerite de Navarre) que les planches ne soient pas du même tirage ; mais ce qui lui ôte du prix, c'est que les vignettes et les culs-de-lampe, si spirituels, n'ont plus la fraîcheur de ceux de l'édition de 1780.

— *Contes et Nouvelles* de Marguerite de Valois, reine de Navarre, mis en beau langage, accommodés au goût de ce temps, et enrichis de figures en taille-douce. Amsterdam, George Gallet, 1708. 2 vol. in-12. Frontispice par Harrewyn placé dans les deux volumes, et 72 figures à mi-page par Romain de Hooge et Harrewyn, non signées.

L'édition originale, où toutes les figures sont de R. de Hooge, étant de 1698, ne doit par trouver place dans ce catalogue. Elle a été réimprimée en 1700.

MARIVAUX. *Mariane,* ou la nouvelle Paméla, histoire véritable traduite de l'anglois, enrichie de figures en taille-douce. Rotterdam, Henri Beman, 1765. 2 vol. in-12. — 4 jolies figures par V. Schley.

— *La Vie de Marianne,* ou les Aventures de Mme la comtesse de *** , par M. de Marivaux. Londres (Paris, Cazin), 1782, 4 vol. in-18. — 4 très-jolis frontispices par Chevaux, gravés par Duponchel.

MARMONTEL. *La Bergère des Alpes*, pastorale en trois actes et en vers, mêlée de chant, par M. Marmontel, de l'Académie françoise. Paris, Merlin, 1766. In-8. — 1 figure par Gravelot, gravée par Le Veau.

— *Bélisaire*, par M. Marmontel, de l'Académie françoise. Paris, Merlin, 1777. In-8. — 1 frontispice et 2 figures très-médiocres, quoique de Gravelot, gravés par Le Veau, Levasseur et Masquelier.

— *Contes moraux*, par M. Marmontel, de l'Académie françoise. Paris, Merlin, 1765. 3 vol. in-8. — Portrait par Cochin, gravé par Saint-Aubin, titre par Gravelot, gravé par Duclos, répété dans chaque volume, et 23 figures par Gravelot, gravées par Baquoy, Legrand, Lemire, Le Veau, Longueil, Pasquier, Rousseau et Voyé.

La gravure du *Curieux* existe de deux façons différentes.

— *Les Incas*, ou la Destruction de l'empire du Pérou, par M. Marmontel, historiographe de France, l'un des quarante de l'Académie françoise. Paris, Lacombe, 1777, 2 vol. in-8. — 10 figures par Moreau, gravées par Duclos, de Ghendt, Helman, de Launay, Leveau, Née et Simonet.

Il en existe des exemplaires avec les figures avant la lettre.

— *Chefs-d'œuvre dramatiques*, ou Recueil des meilleures pièces du Théâtre-François tragique, comique et lyrique, avec des discours préliminaires, etc., par M. Marmontel, etc. Paris, Grangé, 1773. In-4. (Il n'a jamais paru que ce volume.) — 3 figures, 15 vignettes et 10 culs-de-lampe de la plus grande beauté par Eisen, gravés par de Launay, de Launay jeune, Helman, Masquelier, Née et Ponce.

Ce volume contient Sophonisbe, Scévole et Venceslas.

MARTINET. *Description historique de Paris* et ses plus beaux monumens, gravés en taille—douce par F. N. Martinet, Ing^r et Graveur du Cabinet du Roy, pour servir d'introduction à l'Histoire de Paris et de la France, par M. Beguillet. Paris, 1789, 3 vol. in-4. — 56 planches et 1 vignette dessinées et gravées par Martinet.

MAUVILLON (De). *Le Soldat parvenu*, ou Mémoires et aventures de M. de Verval, dit Bellerose, par M. de M***, enrichi de figures en taille douce. Dresde, 1753, George Conrad Walther. 2 vol. petit in-8. — Frontispice et 7 belles figures par Osterreich, gravées par Bernigeroth.

MERCIER. *An* (L') *deux mille quatre cent quarante*, Rêve s'il en fut jamais, suivi de l'Homme de fer. Songe, 1786. 3 vol. in-8. — 3 figures non signées.

— *Déserteur* (Le), drame en cinq actes, par M. Mercier. Paris, Lejay, 1770. In-8. 1 figure par Marillier, gravée par de Ghendt.

— *Épître d'Héloïse à Abailard*, imitée de Pope, par M. Mercier. Amsterdam et Paris, veuve Duchesne, 1774. — 1 frontispice, 1 vignette et 1 cul-de-lampe par Marillier, gravés par Lebeau et Née.

Le frontispice et le cul-de-lampe sont d'une grande beauté.

— *Faux* (Le) *Ami*, drame en trois actes, en prose, par

M. Mercier. Paris, Lejay, 1772. In-8. — 1 figure par Marillier, gravée par de Ghendt.

— *Indigent* (L'), drame en quatre actes, en prose, par
M. Mercier. Paris, Lejay, 1772. — 1 figure par Marillier,
gravée par Voyez Laîné.

— *Jenneval*, ou le Barnevelt françois, drame en cinq actes,
en prose, par M. Mercier. Paris, Lejay, 1769. In-8. — 1 figure par Marillier, gravée par de Ghendt.

— *Jean Hennuyer*, évêque de Lizieux, drame en trois actes,
par M. Mercier. — Londres. (Paris, Lejay) 1772. In-8. —
1 figure.

— *Lettre de Dulis à son ami*, par M. Mercier. Nouvelle édition. Amsterdam et Paris, Lejay, 1768. In-8. — 1 figure et
1 vignette, par Moreau, gravées par Longueil, et 1 cul-de-
lampe par Thérèse Martinet.

— *Olinde et Sophronie*, drame héroïque en cinq actes et en
prose, par M. Mercier. Paris, Lejay, 1771. 1 figure par Marillier.

— *Tableau de Paris*, ou Explication de différentes figures
gravées à l'eau-forte, pour servir aux différentes éditions du
Tableau de Paris, de M. Mercier. Yverdon, 1787. In-12. —
96 figures à l'eau-forte, très-spirituelles et traitées en charge,
dont deux portent la signature de Dunker. C'est Mercier lui-
même qui en a fait une partie.

Nota. Les drames de Mercier, augmentés de plusieurs autres
que ceux qui sont désignés ci-dessus, ont été réunis en 4 vol.
in-8, imprimés à Amsterdam et Leyde, 1778-1784. Les figures, soit originales, soit copiées et regravées par Fritzchius
et Hulk, sont au nombre de 14.

MÉTASTASE. *Opere del Signor Abate Pietro Metastasio.* Paris, veuve Hérissant, 1780-1782. 12 vol. in-8. — 1 portrait par Steiner, gravé par Gaucher, et 35 figures par Cipriani, Cochin, Delvaux, Martini et Moreau, gravées par Bartolozzi, Carmona, Delvaux, Duclos, Leveau, Martini, Massard, Porporati, Prévost, Saint-Aubin, Simonet et Trière. Outre ces 35 figures, il y en a deux dans le dernier volume représentant les personnages des comédies de Térence et qui paraissent copiées d'après quelque édition des œuvres de ce poëte.

L'édition est magnifique, les illustrations sont de la plus grande beauté; mais les exemplaires véritablement beaux sont tirés sur grand papier in-4.

MILTON. *Le Paradis perdu,* poëme par Milton, édition en anglais et en français, ornée de douze estampes imprimées en couleur, d'après les tableaux de M. Schell. Paris, Defer de Maisonneuve, 1792. 2 vol. grand in-4.

Les estampes, assez mauvaises, sont gravées par Clément, Colibert, Demouchy et Gauthier.

MOLIÈRE. *Œuvres de Molière,* nouvelle édition. Paris, 1734. 6 volumes grand in-4. — 1 portrait par Coypel, gravé par Lépicié; 1 fleuron sur le titre, qui sert pour celui de chaque volume; 32 figures par Boucher, gravées par Laurent Cars, et 198 vignettes et culs-de-lampe, dont plusieurs se répètent, par Boucher, Blondel et Oppenort, gravés par Joullain. Sur les exemplaires du premier tirage, on lit à la 12e ligne de la p. 360 du 6e vol. : Comteese au lieu de Comtesse.

Les dessins originaux des gravures de cette édition, dus à *la déplorable facilité du pinceau de Boucher* (voyez l'article Boucher, dans la biographie de Michaud) ont atteint dernièrement, à la vente de la bibliothèque de M. Pichon, la somme énorme de 29,000 francs.

— *Œuvres de Molière*, nouvelle édition, augmentée de la vie de l'auteur et des remarques historiques et critiques par M. de Voltaire, avec de très-belles figures en taille-douce. Amsterdam et Leipzig, Arkstée et Mercus, 1745. 4 vol. in-12. — 1 portrait de Molière, 1 frontispice, 1 fleuron qui se répète sur le titre de chaque volume et 33 figures dessinées et gravées par Punt, d'après Boucher.

Il y a eu des réimpressions en 1750 et 1765 ; mais la première édition est à préférer, parce que les épreuves sont plus belles.

— *Œuvres de Molière*, avec des remarques grammaticales, des avertissemens et des observations sur chaque pièce par M. Bret. Paris, par la compagnie des libraires associés, 1773. 6 vol. in-8. — 1 portrait d'après Mignard, gravé par Cathelin ; 6 fleurons sur les titres, par Moreau, et 33 figures par Moreau, gravées par Baquoy, Delaunay, Duclos, de Ghendt, Helman, Lebas, Legrand, Leveau, Masquelier, Née et Simonet.

Édition plus remarquable par sa beauté que par sa bonté. La suite des figures de Moreau est une de ses plus estimées et d'une rareté extrême avant la lettre ; M. Eugène Paillet, bibliophile bien connu, en possède un exemplaire magnifique ; mais il y a deux estampes qui ne sont pas toujours bien venues par l'impression : ce sont celles de l'*Avare* et du *Misanthrope*, dont il existe très-peu de belles épreuves, même avant la lettre. Dans les bons exemplaires de l'édition de 1773, il doit y avoir en double les pages 66, 67 et 81 du tome premier.

La seconde suite des figures de Moreau n'ayant été faite que pour une édition de ce siècle-ci, il n'entre pas dans mon plan d'en parler.

MONCRIF. *Œuvres de M. de Moncrif*, lecteur de la reine, l'un des quarante de l'Académie françoise et des sciences et belles-lettres de Nancy et de Berlin. Nouvelle édition, Paris, veuve Regnard, 1768. 4 vol in-12. — 1 titre par de Sève, gravé par Baquoy, qui sert aux quatre volumes, sauf la tomaison, le portrait de Moncrif par Duflos, celui de Stanislas, roi de Pologne, par Massé, gravé par Cathelin, 4 jolies figures par de Sève, gravées par Baquoy, Chenu, Sornique et Tardieu, et 40 planches de musique.

— *Les Chats*. Paris, Quillau, 1727. In-8. — 8 figures assez médiocres, mais originales, par Coypel, gravées par C. (Coypel?), et 1 vignette représentant le dieu Pet.

MONNET. *Anthologie françoise*, ou Chansons choisies depuis le XIII° siècle jusqu'à présent. (Paris), 1765. 3 vol. in-8 (le 4° est de Collé). — 1 portrait de Gravelot par Cochin, gravé par Saint-Aubin, et 3 frontispices par Gravelot, gravés par Lemire.

MONTESQUIEU (Secondat de). *Le Temple de Gnide.* Nouvelle édition avec gravures, gravées par Lemire, d'après les dessins de Charles Eisen, le texte gravé par Drouet. Paris, Lemire, 1772. Grand in-8 ou tiré sur in-4. — 1 titre gravé, 1 frontispice-portrait, 9 très-belles figures et 1 fleuron, représentant l'écusson d'Angleterre.

Il en existe avec les figures avant la lettre, et où le frontispice et 3 figures sont découverts.

— *Le Temple de Gnide*. Paris, Didot jeune, 1795, in-18.
— 1 titre avec le portrait de Montesquieu par Saint-Aubin, et
12 figures, dont 10 de Regnault, gravées à l'eau-forte par Bertaux et terminées par Baquoy, de Ghendt, Halbou, Lingée,
Patas et Ponce, et 2 de Lebarbier, gravées par Courbe et
Patas.

Il y a des exemplaires sur papier vélin et sur grand papier
vélin.

Voyez encore à Colardeau et à Léonard.

MONTIGNI ? (De). *Thérèse Philosophe*. Londres (plutôt La
Haye), 1783. 2 vol. in 12. — 2 frontispices, 2 titres et 36
figures libres (en tout 40 figures).

Les illustrations de cette édition extrêmement rare me paraissent, à n'en pas douter, devoir être attribuées à Binet.
Leur nombre prouve que Cazin a eu tort de dire sur le titre de
l'édition de 1785, qui n'en contient que vingt : « ornée d'un
plus grand nombre de figures que toutes les précédentes. »
Truc d'éditeur !

— *Thérèse Philosophe*, ou Mémoires pour servir à l'histoire
de D. Dirrag et de Mademoiselle Eradice (le père Girard et
Mlle La Cadière). Nouvelle édition, ornée d'un plus grand
nombre de figures que toutes les précédentes. Londres (Paris,
Cazin). 2 vol. in-18, souvent reliés en 1. — 20 figures par
Borel, gravées par Éluin, non signées. Ces figures sont très-
soignées et très-fines, comme toutes les autres qui sont dues
à l'association de ces deux artistes hors ligne dans le genre
érotique.

Il existe une édition de ce roman dont les figures sont attribuées au comte de Caylus. C'est la première ; elle est excessivement rare. Je ne l'ai jamais vue.

MONVEL. *Frédégonde et Brunéhaut*, roman historique par M. Monvel. Londres et Paris, veuve Duchesne, 1775. In-8. — 1 figure et 1 vignette par J. Bertaux, gravées par Thérèse Martinet.

MOREL DE VINDÉ. *Primerose*, par M..el de V..dé. Paris, Didot l'aîné, 1797. In-18. — 1 frontispice et 5 charmantes figures par Lefèvre, gravées par Godefroy.

Existe sur papier vélin et grand papier vélin, avec les figures avant la lettre et avant les noms des artistes.

— *Zélomir*, par Morel (Vindé). Paris, Didot l'aîné, 1801. In-18. — 6 figures par Lefèvre, gravées par Godefroy.

Cette édition, qui, étant de 1801, ne figure dans ce catalogue que par tolérance et à cause de son extrême ressemblance avec l'ouvrage précédent, se trouve aussi sur papier vélin et sur grand papier vélin, et avec les figures avant la lettre. Quelques exemplaires ont également les eaux-fortes.

MOUHY (De). *Apollon Mentor*, ou le Télémaque moderne. Londres, 1748, 2 vol. in-8. — 1 fleuron sur le titre et 1 frontispice qui servent pour les deux volumes, par Humblot, etc., gravés par Tardieu ; 2 figures par Humblot, gravées par Flipart et Tardieu, et 3 vignettes non signées.

ANINE, *sœur de lait de la reine de Golconde*, paro-
diée par imitation sur les plus jolis airs connus, en
trois actes et quelques vaudevilles. Genève et Paris,
veuve Duchesne, 1768. In-8. — 1 figure par Martinet, gravée par Patas et 1 fleuron gravé par Chedel.

NERCIAT (Andréa de). *Félicia, ou mes fredaines*. Londres
(Paris, Cazin, 1782). 4 vol in-18.— 24 figures par Borel, gravées par Éluin, non signées.

Il y a des exemplaires de ce joli roman où les gravures libres,
qui sont au nombre de onze, sont supprimées. En outre on connaît une contre-façon où les figures sont retournées, et où la
huitième (avec le clair de lune) est couverte.

— *Monrose*, ou Suite de Félicia, par le même auteur. Paris,
1797. 2 vol. in-18. — 24 figures érotiques non signées, que
je croirais, d'après le style, pouvoir attribuer à Quéverdo.

Cette édition, qui est la plus rare et la plus recherchée, à
cause des gravures, est détestable comme texte. Elle fourmille

de fautes, et plus d'une fois des lignes entières ont été oubliées.

— *Les Aphrodites*, ou Fragmens thali-priapiques pour servir à l'histoire du plaisir. Lampsaque, 1793, 8 numéros in-8, reliés en un ou en deux volumes. — 8 figures érotiques très-finement exécutées comme dessin et comme gravure, qui paraissent être d'un artiste allemand, peut-être Freudenberg, avec le faire duquel il me semble trouver plus d'un point de ressemblance Que l'amateur les compare avec celles de *l'Heptaméron* de la reine de Navarre et de la première Suite d'estampes de Rétif de la Bretonne (surtout *l'Occupation* et les *Confidences*).

Ce livre est d'une rareté telle que je n'en connais qu'un seul exemplaire complet sous le rapport des gravures. Il fait partie de la précieuse collection de M. H..., dont j'ai déjà fait ressortir le mérite aux articles *Arétin* et *Chorier*.

On connaît encore de Nerciat le *Doctorat impromptu* et *Mon Noviciat*, qui, chacun, ont deux gravures, et la *Matinée libertine*, qui en a 3. Quant au *Diable au corps*, du même auteur, 3 vol. in-8 ou 6 vol. in-18, avec 20 figures, cet ouvrage, étant daté de 1803, n'entre pas dans le cadre que je me suis tracé.

NOGARET (Félix). *Le Fond du sac*, ou Restant des babioles de M. X..., membre éveillé de l'académie des Dormans. Venise (Paris, Cazin), chez Pantalon-Phébus, 1780 2 vol. in-18. — Un frontispice et 8 très-jolies vignettes dans le genre de Duplessi-Bertaux.

Nouveau Testament en latin et en français, traduit par Sacy. Édition ornée de figures gravées sur les dessins de

Moreau le jeune. Paris, Didot jeune, 1793-1798. 5 vol. in-8.
— 4 frontispices et 108 ravissantes figures par Moreau, gravées par Baquoy, Dambrun, Delaunay, Delignon, Delvaux,
Duhamel, Dupréel, Giraud, Godefroy, Halbou, Hubert, Langlois, Longueil, Petit, Simonet, Thomas, Tilliard et Trière.

Ce livre existe in-4 avec les figures avant la lettre.

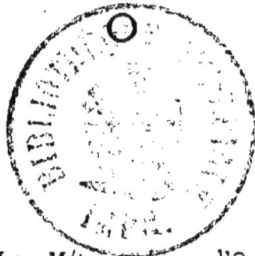

OVIDE. *Les Métamorphoses* d'Ovide en latin, traduites en françois avec des remarques et des explications historiques par M. l'abbé Banier, de
l'académie des Inscriptions et belles-lettres, ouvrage enrichi
de figures en taille-douce, gravées par B. Picart et autres
habiles maîtres. Amsterdam, J. Wetstein et G. Smith, 1732.
2 vol. grand in-folio. — 1 frontispice par Picart, 2 fleurons
sur les titres par V. Overbeke, gravés par Malder et V. D.
Gouwen; 1 vignette par L. F. D. B. (Debrie? ou Dubourg),
gravée par Bernaerts; 1 lettre ornée, 124 figures dans le texte,
par Lebrun, Leclere, Maas et de Wit, Picart, Punt, J. Romain et Wandelaar, gravées par Martin Bouche, Pierre-Paul
Bouche, Bouttats, Folkema, V. Gunst, Jungmann, Schenk et
Wandelaar; et 3 planches contenant chacune deux figures
par Lebrun, gravées par Folkema. En tout, 130 figures.

Magnifique ouvrage. La Bibliothèque impériale en possède
un exemplaire admirable relié en maroquin vert par Padeloup
jeune.

— *Les Métamorphoses* d'Ovide en latin et en françois, de

13

la traduction de M. l'abbé Banier, de l'académie royale des Inscriptions et belles-lettres, avec des explications historiques. Paris, Hochereau, 1767-1771. 4 vol. in-4. — 140 figures, dont 1 frontispice, 3 planches de dédicace, 1 fleuron sur le titre de chaque volume (en tout 4 fleurons), 30 vignettes et 1 superbe cul-de-lampe à la fin du dernier volume. Les figures, dessinées par Boucher, Eisen, Gravelot, Leprince, Monnet, Moreau, Parizot et Saint-Gois, sont gravées par Baquoy, Bazan, Binet, Duclos, de Ghendt, Helman, de Launay, Legrand, Lemire, Leroy, Leveau, de Longueil, Masquelier, Massard, Miger, Née, Ponce, Rousseau et Saint-Aubin. Le frontispice, les planches de dédicace, le cul-de-lampe, les fleurons des trois premiers volumes et 26 vignettes sont de Choffard. Le fleuron du quatrième volume et 4 vignettes sont de Monnet, gravés par Choffard.

Il existe des exemplaires où les gravures sont avant la lettre, mais ce n'est que dans ceux qui sont en papier ordinaire. Dans les douze exemplaires qui ont été tirés sur papier de Hollande, les gravures sont avec la lettre. Les figures 19, 27, 41, 56 et 80 (probablement aussi les figures 43, 52, 116 et 134) existent découvertes. Sur la vingt et unième figure (Syrinx poursuivie par Pan), on voit dans les épreuves d'artiste Pan dans un état brillant que Gravelot a cru devoir modifier dans les épreuves suivantes.

Cet ouvrage, très-recherché pour ses illustrations, est un des plus beaux du XVIIIe siècle. Il existe une seconde édition, très-inférieure à la première comme papier et comme beauté d'épreuves. Le quatrième volume y est daté 1770 au lieu de 1771.

— *Nouvelle traduction des Héroïdes* d'Ovide, Paris, 1763,

chez Durand. In-8. — Un titre et 21 vignettes par Zocchi, gravés par Gregori, et 14 culs-de-lampe par Gregori seul, dont plusieurs ne sont pas signés et dont trois se répètent.

— *Traduction des Fastes* d'Ovide, avec des notes, etc., avec figures par M. Bayeux, avocat au parlement de Normandie. Rouen, Boucher, et Paris, Vᵉ Ballard et Barrois, 1783. 4 vol. in-8 ou tirés sur grand papier in-4. — Très-beau frontispice par Cochin, gravé par Gaucher, 6 figures par Le Barbier, gravées par Henriquez, Le Veau, Maleuvre et Née, et 36 vignettes et culs-de-lampe, d'une exécution fort médiocre, représentant en général des médailles, dont plusieurs n'ont jamais existé que dans l'imagination de l'antiquaire-faussaire Goltzius. La figure du second livre n'est pas signée

P

PALISSOT. *Œuvres complettes* de M. Palissot. Liége et Paris, Bastien, 1778-1779. 7 vol. in-8. — 17 figures dont 7 par Méon, gravées par Thérèse Martinet, et 10 par Monnet, sans nom de graveur.

PANARD. *Le Nouvelliste dupé*, opéra-comique en un acte, par M. Panard. Paris, Duchesne, 1757. In-8. — Portrait de Panard, gravé par Chenu.

PANCKOUCKE (Henri). *Lettre de don Carlos à Élisabeth*, suivie d'un passage de l'*Aminte* du Tasse, traduit en vers, et du poëme de la *Nuit*, imité de Gesner (*sic*). Paris, Panckoucke, et Vᵉ Duchesne ; Lille, Carré de la Rue, 1768. In-8. — 1 figure par Gravelot, gravée par Levasseur.

Parc au cerf (Le), ou l'Origine de l'affreux déficit. Seconde édition, revue, corrigée et considérablement augmentée, 1790. In-8°.— Un frontispice, les portraits de la duchesse de Château-roux et de Mᵐᵉ de Pompadour, et une figure (qui manque

souvent) représentant le banquier juif Peixotte assis, en ex-
tase amoureuse.

PARNY. *Opuscules* de M. le chevalier de Parny. Quatrième
édition. Londres et Caen, chez Manoury, 1787. 2 vol. in-16.
— Un frontispice gravé qui porte : Cinquième édition, à Londres; et (par erreur) MDCCXXXVII, et 4 figures très-médiocres,
gravées par Coulet.

PATAS. *Sacre et couronnement de Louis XVI*, roi de France
et de Navarre, etc., enrichi d'un très-grand nombre de figures en taille-douce, gravées par le sieur Patas, avec leurs
explications. — Paris, Vente, 1775. In-8. — 1 titre gravé,
1 frontispice, 14 vignettes, 48 figures et un plan de la ville de
Rheims.

PERSE. *Satires de Perse*, traduction nouvelle, avec le texte
latin à côté, et des notes, par M. l'abbé Le Monnier. Paris,
Jombert et Cellot, 1771. In-8. — Un frontispice par Cochin,
gravé par Rousseau.

PETITY (De). *Étrennes françoises*, dédiées à la ville de
Paris pour l'année jubilaire du règne de Louis le bien-aimé,
par l'abbé de Petity, prédicateur de la reine. Paris, Pierre
Guillaume Simon, 1766. In-4°. — 2 planches d'armoiries et
6 très-jolies figures par Saint-Aubin et Gravelot, gravées par
Chenu, Duclos et Littret.

PEZAY (Le marquis de). *Heureux (L') Jour.* Épître à mon
ami. Paris, Vᵉ Duchesne, 1768. In-8°. — 1 titre, 1 figure,

1 vignette et 1 cul-de-lampe par Eisen, gravés par de Ghendt.

Ces illustrations sont d'une beauté remarquable.

— *Lettre d'Alcibiade à Glicère*, bouquetière d'Athènes, suivie d'une lettre de Vénus à Pâris et d'une épître à la maîtresse que j'aurai. Genève et Paris, Sébastien Jorry, 1764. In-8°. — 1 figure, 3 vignettes et 2 culs-de-lampe par Eisen. La figure est gravée par Aliamet, ainsi qu'un des culs-de-lampe ; deux des vignettes sont gravées par Longueil ; l'autre vignette et le second cul-de-lampe le sont par Lemire.

Les vignettes et les culs-de-lampe sont très-beaux, sauf la première vignette, qui a le même défaut que la planche, où l'homme et la femme sont trop longs.

(Cette lettre a été souvent attribuée à tort à Dorat.)

— *Pot-Pourri (Le)*, épître à qui on voudra, suivie d'une autre épître par l'auteur de *Zélis au bain*. Genève et Paris, Sébastien Jorry, 1764. In-8°. — 2 figures, 2 vignettes et 2 culs-de-lampe par Eisen ; la première figure et la première vignette sont gravées par Lemire ; le premier cul-de-lampe par Alliamet, les autres illustrations par de Longueil.

Très-belles illustrations.

— *Zélis au bain*, poème en quatre chants. Genève. In-8. — 1 titre par Eisen, gravé par Lemire avec la date de 1763 ; 4 figures, 4 vignettes et 4 culs-de-lampe par Eisen, gravés par Alliamet, Lafosse, Lemire et Longueil.

Illustrations admirables.

— *Nouvelle (La) Zélis au bain*, poème en six chants. Genève et Paris, Merlin, 1768. In-8°. — 1 titre gravé, 6 figures, 6 vignettes et 6 culs-de-lampe. Le titre et les figures des 2e, 3e, 4e et 5e chants sont les mêmes, sauf une petite addition sur le titre, que dans la *Zélis au bain* de 1763. Pour compléter le nombre de vignettes et de culs-de-lampe, qui n'étaient que de quatre dans la première édition, on en a répété. Les figures du 1er et du 6e chant sont nouvelles ; elles sont d'Eisen.

— *Tableaux (Les)*, suivis de l'histoire de Mlle de Syane et du comte de Marcy. Amsterdam et Paris, Delalain, 1771. In-8. — 1 frontispice et 1 cul-de-lampe par Eisen, gravés par de Ghendt.

PHÈDRE. *Phædri, Aug. liberti, fabularum* libri V, notis illustravit in usum serenissimi principis Nassavii David Hoogstratanus. Amsterdam, Halma, 1701. In-4º. — 1 frontispice par Gœree, gravé par Boutats ; un fleuron sur le titre, non signé ; un portrait de Jean-Guillaume, prince de Nassau, par Vaillant, gravé par Van Gunst ; 6 vignettes, 31 culs-de-lampe, mais dont beaucoup se répètent, 9 lettres ornées et 18 figures composées chacune de six médaillons à sujets, dessinés et gravés par V. Vranen.

Très-belle édition, bien illustrée.

PIRON. *Œuvres d'Alexis Piron* (son théâtre seulement), avec figures en taille-douce d'après les desseins (*sic*) de M. Cochin. Paris, Duchesne, 1758, 3 vol. In-12. — 1 frontispice et 6 figures par Cochin, gravées par Flipart et Sornique.

— *Œuvres badines d'Alexis Piron*. Paris, chez les marchands de nouveautés, 1797. In-18. — 8 figures libres, assez jolies, non signées.

PLACE (De la). *Oronoko*, ou le Prince nègre, imitation de l'anglois. Nouvelle édition, revue et corrigée par M. de la Place.

Londres et Paris, Vente, 1769. In-12.— 1 vignette par Eisen, gravée par Baron, et 5 figures par Marillier, gravées par Baron.

Ou les figures ne sont pas des meilleures de Marillier, ou ses dessins ont été gâtés par Baron.

Plaisirs de l'amour (*Les*), *ou Recueil de contes*, histoires et poëmes galans. Chez Apollon, au Mont Parnasse, 1782 3 vol. In-16. — 1 frontispice et 16 jolies figures, non signées, mais parfaitement convenables.

Ce recueil contient : l'Amour Oiseleur, les Dévirgineurs, les Cerises, Alphonse, Euphrasie, le Paysan qui avait offensé son seigneur, Parapilla, Joconde, Rosine, les Trois Manières, Ver-vert, Camille, Ce qui plaît aux dames, la Fiancée du roi de Garbe, le Petit chien qui secoue de l'argent et le Savetier.

POINSINET. *Gabrielle d'Estrées à Henri IV*, par M. Poin-sinet. Amsterdam, Changuion, 1767. In-8. — 1 figure par Gravelot, gravée par Levasseur.

POLIGNAC (Cardinal de). *Anti-Lucretius*, sive de Deo et Natura libri novem. Paris, Coignard et Boudet, 1747, 2 vol. grand in-8. — Un beau portrait par Rigaud, gravé par Daullé, et 10 vignettes et 5 culs-de-lampe par Eisen, gravés par Dela-fosse et Tardieu.

POPE. *Œuvres diverses de Pope*, traduites de l'anglois. Nou-velle édition, revue et augmentée d'un grand nombre de pièces qui n'avoient point encore été traduites, avec de très-belles figures en taille-douce. Amsterdam et Paris, Saillant et Vincent, 1767, 8 vol. In-12. — 1 fleuron qui sert pour les titres des six pre-

miers volumes et un autre qui sert pour les deux derniers,
1 frontispice par Delamonce et Kornlein, un portrait de Pope par
Kornlein et 23 figures assez médiocres, probablement par le
même artiste.

PRÉVOST. *Histoire du chevalier des Grieux et de Manon Lescaut*. Amsterdam, 1753, 2 vol. In-12. — 8 très-jolies figures
par Gravelot et Pasquier, gravées par Lebas, et 1 vignette qui
est la même pour la première et la seconde partie.

Édition recherchée et très rare.

— *Histoire de Manon Lescaut et du chevalier des Grieux*, par
l'abbé Prévost. Paris, Didot l'aîné, 1797. 2 vol. In-18. —
8 figures charmantes par Lefèvre, gravées par Coiny.

Cette édition existe en papier vélin et en grand papier vélin
avec les figures avant la lettre.

— *Œuvres choisies* de l'abbé Prévost, avec figures. Amsterdam et Paris, 1783-1784, 39 vol. in-8. — 1 portrait par
Schmidt, gravé par Ficquet, et 77 figures par Marillier gravées
par Biosse, Borgnet, Châtelain, Dambrun, Delaunay jeune,
Delignon, Delvaux, Gaucher, Halbou, Hubert, Lebeau, Longueil, Patas, Pauquet, Mme Ponce, Tenxis et Texier.

Q

QUERLON (De). *Les Grâces*. Paris, Laurent Prault, 1769, grand in-8. — Titre gravé par Moreau, frontispice par Boucher, gravé par Simonet, et 5 figures par Moreau, gravées par de Launay, de Longueil, Massard et Simonet.

Existe en papier ordinaire, en grand papier et en papier de Hollande.

Il se trouve des exemplaires dans lesquels, au lieu du titre et des 5 figures, il y a un titre gravé par Marillier, sur lequel se trouve le nom de Querlon, et 3 figures par Eisen et Moreau.

En 1775, le même ouvrage a reparu sous le titre de : Le Triomphe des Grâces.

— *Règlement pour l'Opéra de Paris*, avec des notes historiques. A Utopie, chez Thomas Morus, 1743. In-12.— 1 frontispice par Boucher, gravé par Cochin, non signé.

Bien des articles de ce spirituel règlement seraient encore applicables à l'Opéra actuel, voire même à l'Opéra Comique. Voyez entre autres les articles 3, 27 et 28.

R***** (De). *Poésies diverses*, de M. le chevalier de R..., ancien capitaine de cavalerie. A La Haye et à Abbeville, L. A. de Vérité, 1768, In-8. — 1 figure, 1 fleuron sur le titre et 1 cul-de-lampe par Choquet, gravés par Voyez.

RABELAIS. *Œuvres de maître François Rabelais*, avec des remarques historiques et critiques de M. le Duchat. Nouvelle édition, ornée de figures de B. Picart, etc. Amsterdam, Jean Frédéric Bernard, 1741. 3 vol. in-4. — 1 superbe frontispice dessiné et gravé par Folkema; 1 titre gravé par B. Picart, qui se trouve dans le premier et le troisième volume; 1 fleuron sur le titre de ces deux volumes et un autre fleuron différent sur le titre du second, 3 gravures topographiques, 1 portrait de Rabelais, gravé par Tanjé; 8 culs-de-lampe par Picart, dont un répété; 9 vignettes par Picart, dont une qui est répétée trois fois, et 12 estampes par du Bourg, gravées par Bernaerts, Folkema et Tanjé.

· Livre très-recherché et excessivement cher en grand papier.

RACINE (Jean). *Œuvres de Racine*. Londres. J. Tonson et

J. Watts. 1723. 2 vol. in-4. — 1 portrait par Vertue, 1 frontispice et 12 figures par Chéron, gravés par Dubosc, Foudrinier et Van der Gucht.

J'en ai vu un exemplaire chez M. Rouquette, en maroquin rouge, aux armes de Mirabeau.

— *Œuvres de Racine.* Nouvelle édition augmentée de diverses pièces et de remarques, etc. (par d'Olivet, Desfontaines, Racine fils et autres), avec de très-belles figures en taille-douce (d'après Boulogne). Amsterdam et Leipzig, chez Arkstée et Merkus, 1750. 3 vol. in-12. — 1 portrait par Yver, 1 frontispice et 12 figures par L. F. D. B. (Debrie ou Dubourg), gravés par Tanjé ; 3 fleurons sur les titres, dont un signé Punt, qui sert pour le 2ᵉ et le 3ᵉ volume, et 1 cul-de-lampe à la fin du 2ᵉ volume.

— *Œuvres de Racine.* Paris, 1760. 3 vol. in-4. — 1 portrait par Daullé, 3 fleurons sur les titres par de Sève, gravés par Chevillet (un sans nom de graveur), 12 figures par de Sève, gravées par Aliamet, Flipart, Lemire, Lempereur, Sornique et Tardieu, et 13 vignettes et 60 culs-de-lampe, tous par de Sève, gravés par Baquoy, Flipart et Legrand.

Très-belle édition.

— *Œuvres de Jean Racine,* avec des commentaires, par M. Luneau de Bois-Germain. Paris, Cellot, 1768. 7 vol. in-8. — 1 portrait par Santerre, gravé par Gaucher, et 12 figures par Gravelot, gravées par Duclos, Flipart, Lemire, Lempereur, Levasseur, Née, Prévost, Rousseau et Simonet.

Assez belle édition, dont il existe des exemplaires avec les figures avant la lettre. Réimprimée en 1797.

RAYNAL (Guillaume Thomas). *Histoire philosophique* et

politique des établissements et du commerce des Européens dans les deux Indes. Genève, Pollet, 1780. 5 vol. in-4, dont 1 composé d'un atlas de 49 cartes. — 4 figures par Moreau, gravées par de Launay, Delignon et Simonet, et 1 très-beau portrait par Cochin, gravé par de Launay.

Recueil des meilleurs contes en vers. Londres (Paris, Cazin), 1782. 4 vol. in-18. — 1 portrait de La Fontaine et 113 vignettes ravissantes par Duplessi-Bertaux, non signées. Le titre des deux premiers volumes porte : *Contes et Nouvelles*, par M. de La Fontaine (ils ont 64 vignettes) [1]. Le 3e a pour titre : *Contes et Nouvelles*, en vers, par MM. Voltaire, Vergier, Sénecé, Perrault, Moncrif et le P. Ducerceau (il a 21 vignettes); le 4e a pour titre : *Contes et Nouvelles*, en vers, par MM. Grécourt, Autereau, Saint-Lambert, Champfort, Piron, Dorat, la Monnoye et François de Neufchâteau (il a 28 vignettes).

Ce joli ouvrage n'a qu'un seul défaut, c'est d'avoir été tiré sur un papier tellement court qu'en le reliant il n'a presque plus du tout de marge.

En 1864, M. Leclerc, éditeur à Paris, a fait réimprimer d'une manière charmante ces quatre volumes avec les anciennes vignettes très-habilement retouchées; la *Pucelle*, de Voltaire, et le *Fond du sac*, tous deux de l'édition de Cazin, ont été réimprimées dans les mêmes conditions.

REGNARD. *Œuvres complètes de Regnard*, avec des avertissements et des remarques sur chaque pièce, par M. G***. Pa-

[1]. On reconnaît les 60 premiers exemplaires tirés, et dont par conséquent les épreuves sont les meilleures, à ce que les vignettes des pages 105 et 119 sont transposées.

ris, veuve Duchesne, 1790, de l'imprimerie de Monsieur.
6 vol. in-8. — 1 portrait d'après Rigaud, gravé par Tardieu,
et 11 figures par Moreau et Marillier, gravées par Delignon,
Duponchel, Giraud, Halbou, Langlois, Longueil, Patas, Simonet et Trière.

Il n'a été tiré que deux exemplaires sur papier vélin.

REGNIER. *Satyres et autres œuvres de Regnier*, accompagnées
de remarques historiques. Nouvelle édition, considérablement
augmentée. Londres, Jacob Tonson, 1733. In-4. — 1 frontispice par Natoire, gravé par L. Cars; 1 fleuron sur le titre,
par Cochin; 7 vignettes et 15 culs-de-lampes, dont il n'y a
que trois de différents, par Bouché et Natoire, gravés par
Cochin, et 3 lettres ornées.

Superbe édition dont le texte est encadré de rouge, mais
dont malheureusement à cause de cela les exemplaires sont
souvent tachés de roux.

RÉTIF DE LA BRETONNE. *Le Paysan perverti*, ou les
Dangers de la ville, histoire récente mise au jour d'après les
véritables lettres des personnages, par N. E. Rétif de la Bretonne.
A La Haie, et se trouve à Paris, chés Esprit, 1776. 4 vol. in-12.
— 84 figures par Binet, gravées par Berthet et Leroy. (Les
frontispices, au nombre de 8, sont compris dans les figures.)

— *Les Dangers de la ville*, ou Histoire effrayante et morale
d'Ursule, dite la Paysane pervertie; mise-nouvellement-au-
jour, d'après les véritables lettres des personnages, fournies
par Pierre R**, frère aîné d'Ursule et d'Edmond. A La Haie,
et se trouve à Paris, 1784. 4 vol. in-12. — 36 figures par
Binet, gravées par Berthet et Leroy. (Les frontispices sont
compris parmis les figures.)

Dans un volume supplémentaire, qui donne l'explication des figures du Paysan et de la Paysanne, 82 figures suivent l'ordre de numérotage et 2 figures portent des *bis*, ce qui complète le nombre de 120 planches qui doivent se trouver dans les exemplaires de ces deux romans réunis.

Ces éditions du *Paysan* et de la *Paysanne* sont les meilleures, et celles que l'on doit avoir. Les deux romans ont été réunis en un en 1784. L'édition est moins bonne.

— *La Vie de mon père*, par l'auteur du Paysan perverti. Neufchâtel et Paris, chés la veuve Duohesne, 1779. 2 parties en 1 vol. in-12. — 2 fleurons-portraits sur les titres, 2 frontispices et 12 assez mauvaises figures.

— *Les Contemporaines*, ou Avantures des plus jolies femmes de l'âge présent, recueillies par N. E. R. de la B. et publiées par Timothée Joly, de Lyon. Paris, chez la veuve Duchesne, 1780-1785. 42 vol. in-12 contenant :

1° *Les Contemporatnes mêlées*, ou Avantures des plus jolies femmes de l'âge présent, 1780-1782. 17 vol. avec 124 figures et 1 beau portrait de Rétif par Binet, gravé par Berthet ;

2° *Les Contemporaines du-commun*, ou Avantures des belles marchandes, ouvrières, etc., de l'âge présent, 1782-1783. 13 vol. avec 84 figures ;

3° *Les Contemporaines graduées*, ou Avantures des jolies femmes de la Noblesse, de la Robe, de la Médecine et du Théâtre, 1783-1785. 12 vol. avec 83 figures.

Toutes les figures, au nombre de 291 (et non de plus de 300, comme a dit M. Monselet) [1], sont de Binet, gravées par Berthet et Giraud le jeune.

Il a été fait un tirage de mille exemplaires des Contemporaines communes, sous le titre de : les Jolies femmes du commun.

Un exemplaire bien complet des Contemporaines, avec de belles épreuves et de belles marges, est très-difficile à trouver et a beaucoup de valeur.

— *La Prévention nationale*, Action adaptée à la scène ; avec deux variantes, et les faits qui lui servent de base. A La-Haie, et se trouve à Paris, chez Regnault, 1784. 2 vol. in-12. — 10 figures par Binet, non signées, dont plusieurs se trouvent dans d'autres ouvrages de Rétif.

Je renvoie à M. Monselet, pour le détail des titres différents que cet ouvrage renferme.

— *La Malédiction paternelle*, Lettres sincères et véritables de N****** à ses parens, ses amis et ses maîtresses ; avec les réponses. Recueillies et publiées par Timothée Joly, son Exécuteur testamentaire. Leipsick et Paris, chez Madame Vᵉ Duchesne, 1780. 3 vol. in-12. — 3 figures par Binet, gravées par Berhet.

— *La Découverte australe*, par un Homme-volant, ou le Dédale français ; Nouvelle très-philosophique, suivie de la Lettre d'un singe, etc. Imprimé à Leipsick, et se trouve à Paris. 4 vol. in-12. — Un faux-titre au commencement du premier volume portant : Œuvres posthumes de N******. Œuvre Sᵈᵉ, la Découverte australe, ou les Antipodes : avec une estampe à

---

1. La cause de l'appréciation différente de M. Monselet pourrait tenir à ce qu'il y a plusieurs grandes planches pliées, qui renferment quatre sujets différents ou même davantage.

chaque fait principal, 1781. — 4 frontispices, dont 1 double, plié, et 19 figures par Binet, non signées.

— *Le Quadragénaire*, ou l'Age de renoncer aux passions : Histoire utile à plus d'un Lecteur. Genève et Paris, Vᵉ Duchêne, 1777. 2 vol. in-12. — Le faux titre porte : Le Quadragénaire, ou l'homme de XL ans, avec 15 figures.—Les figures, dont il n'y a que les deux premières de signées, sont de Dutertre (peut-être aussi Binet), gravées par Bacquoy et Berthet.

— *Le Nouvel Abeilard*, ou Lettres de deux amans qui ne se sont jamais vus. Neuchatel et Paris, veuve Duchesne, 1778. 4 vol. in-12. — 1 frontispice, et 9 figures, non signées, dont une porte : gravé par Mᵐᵉ Ponce, et d'autres des noms illisibles de graveurs.

— *La Dernière Avanture d'un Homme de Quarante-cinq ans.* Nouvelle utile à plus d'un Lecteur. Genève et Paris, Regnault, 1783. 2 vol. in-12. — 2 frontispices et 2 figures par Binet, gravés par Giraud et Pauquet.

— *Les Parisiennes*, ou XL caractères généraux pris dans les mœurs actuelles, propres à servir à l'instruction des personnes-du-sexe. Tirés des mémoires du nouveau Lycée-des-mœurs. Neufchâtel et Paris, Guillot, 1787. 4 vol. in-12. — 20 figures non signées, mais, selon toute apparence, de Binet.

— *Les Françaises*, ou XXXIV exemples choisis dans les Mœurs actuelles propres à diriger les filles, les femmes, les épouses et les mères. Neufchâtel et Paris, 1786. 4 vol. in-12. — 34 figures par Binet, non signées, dont une seule porte : gravé par Giraud l'aîné.

Dans aucun des ouvrages de Rétif de la Bretonne, Binet n'a autant exagéré la petitesse des têtes et la finesse des tailles des femmes.

15

— *Le Palais-Royal*. Paris, au Palais-Royal d'abord; puis partout; même chés Guillot, libraire, rue des Bernardins, 1790. 3 vol. in-12. — 3 grandes gravures pliées en trois.

Le premier volume porte en outre sur le titre : Première partie. Les filles de l'allée des Soupirs.

Sur le titre du second on lit : Seconde partie. Les Sunamites.

Sur celui du troisième on lit : Troisième partie. Les Converseuses.

— *Les Nuits de Paris*, ou le Spectateur nocturne. Londres et Paris, 1788-1794. 16 parties in-12, reliées le plus souvent en huit. La pagination va jusqu'à 2359, qui termine la 14e partie. Elle recommence ensuite à la 15e partie pour finir avec la 16e de 1 à 564. — 17 belles figures par Binet, non signées. Celle de la 16e partie représente le supplice de Charlotte Corday; c'est la même qui figure au mois d'octobre de *l'Année des dames nationales*.

La 15e partie est très-rare, mais la 16e est presque introuvable. M. Monselet donne 18 figures à cet ouvrage : je n'en ai trouvé que 17.

— *L'Année des Dames nationales*, ou Histoire jour par jour d'une femme de France. Genève et Paris, 1791-1794. 12 vol. In-12, dont la pagination va depuis 1 jusqu'à 3825. — 12 figures très-médiocres faites pour cet ouvrage, et 24 figures appartenant à d'autres ouvrages de Rétif, tels que le Paysan perverti et les Contemporaines, dont les épreuves usées ont resservi de nouveau. (Je me trouve encore ici en désaccord avec M. Monselet pour le nombre des gravures.)

Il faut avoir soin de voir si la gravure du dixième volume, représentant l'exécution de Charlotte Corday, s'y trouve. Elle manque souvent.

— *Le Drame de la vie*, contenant un homme tout entier. Pièce en 13 actes des ombres, et en 10 pièces régulières. Imprimé à Paris, à la maison, chés la V⁰ Duchêne et Mérigot jeune, 1793. 5 vol. in-12. — Grand portrait de Rétif de format in-4, par Binet, gravé par Berthet, plié dans le premier volume.

— *Monument du costume* physique et moral de la fin du dix-huitième siècle, ou Tableaux de la vie, ornés de figures dessinées et gravées par M. Moreau le jeune, Dessinateur du cabinet de S. M. T. E., et par d'autres célèbres Artistes. A Nieuwied sur le Rhin, chez la Société typographique, 1789. 1 vol. grand in-folio. — 36 pages de texte et 26 gravures.

Tel est le titre des petits contes ou historiettes que Rétif de la Bretonne a composés pour utiliser pour son propre compte ou pour celui d'un libraire les belles *Suites d'estampes* dont je vais donner la description. Mais avant de décrire ces *Suites d'estampes*, je donnerai la liste des petites éditions où une partie des figures du *Monument du costume* se trouvent, mais réduites.

— *Tableaux de la bonne compagnie*, ou traits caractéristiques, anecdotes secrètes, etc., accompagnées de planches en taille-douce, dessinées et gravées par M. Moreau le jeune, Graveur du Cabinet du Roi, et d'autres célèbres artistes. Paris, 1787, 2 vol. In-8 — 17 figures, réductions des estampes.

M. Monselet n'a point fait mention de cette édition. Voyez l'article suivant, où les mêmes figures se trouvent, mais dans un autre ordre.

— *Tableaux de la vie*, ou les Mœurs du dix-huitième siècle, avec 17 figures en taille-douce. Neuwied sur le Rhin et à Strasbourg, chez J. G. Treuttel, sans date. 2 vol. In-18.

Ces figures, qui toutes sont des réductions des grandes estampes, et dont quelques-unes sont retournées, portent les noms suivants, auxquels, pour que l'amateur puisse se reconnaître, j'ai ajouté les noms qu'elles portent dans la grande édition primitive, que je décrirai plus loin. Les astérisques indiquent les figures de la seconde suite, par Moreau ; les autres sont de la première suite, par Freudenberg. (Freudenberger ou Freudeberg.)

Le Printems.		La Promenade du soir.
Les Tuileries.	*	Le Rendez-vous pour Marly.
Versailles.	*	La Dame du palais de la reine.
Fontainebleau.	˘	La Rencontre au bois de Boulogne.
Les Précautions.	*	Les Précautions.
Le Coin de la cheminée.		La Soirée d'hiver.
Les Petits parrains.	*	Les Petits parrains.
Le Boudoir.		Le Boudoir.
Le Bal.		L'Événement au bal.
L'Opéra.	*	Les Adieux.
La Leçon de musique.	*	L'Accord parfait.
La Visite du médecin.	*	La Déclaration de grossesse.
La Lingère.	*	J'en accepte l'heureux présage.
Le Comité.	*	N'ayez pas peur, ma bonne amie.
C'est un fils, Monsieur.	*	C'est un fils, Monsieur.
Les Confidences.		Les Confidences.
Les Vrais plaisirs.	*	Les Délices de la maternité.

Les épreuves sont moins bonnes que dans l'édition précédente ; je crois celle-ci postérieure.

— *Les Petites Parties*, et les grand costumes de la dernière cour de France, ornées de gravures dessinées par Moreau jeune, et publiées par Rétif de la Bretonne. Paris, Royez, s. d. 2 vol. In-18.

Voilà encore un troisième titre aux contes que Rétif de la Bretonne a écrits sur les figures de Moreau. Les noms sont semblables à ceux des *Tableaux de la vie*. M. Monselet a encore omis cette édition.

Je crois, d'après l'état des épreuves de ces trois éditions, et les changements de noms que les figures ont subis, que leur ordre de publication a dû être le suivant : 1º *Tableaux de la bonne compagnie* ; 2º *Les Petites Parties* ; 3º *Tableaux de la vie*.

Voilà, si je ne me trompe, tout ce qui renferme des figures dans l'œuvre de Rétif, à l'exception des *Posthumes*, qui en ont quatre, mais qui, publiées en 1802, sortent de mon cadre. Quant à *M. Nicolas*, les figures annoncées par Rétif de la Bretonne n'ont jamais paru, non plus que celles de *l'Anti-Justine*, sauf les 2 dessins et la gravure que M. Monselet dit avoir vus dans un exemplaire.

Je passe maintenant à la description des Suites d'estampes, dont le texte primitif n'est pas de Rétif de la Bretonne.

— *Suites d'estampes*, pour servir à l'histoire des mœurs et du costume des François du dix-huitième siècle. Année 1775. Paris, Prault, 1775. In-folio. — Avec un discours préliminaire et 1 page de texte par gravure.

Cette suite contient les douze estampes suivantes par Freudeberg :

Le Lever.	Gravées par Romanet.
Le Bain.	— id.
La Toilette.	— Voyez l'Aîné.
L'Occupation.	— Lingée.
La Visite inattendue.	— Voyez l'Aîné.
La Promenade du matin.	— Lingée.
Le Boudoir.	— Maleuvre.
Les Confidences.	— Lingée,

La Promenade du soir.	— Ingouf.
La Soirée d'hiver.	— id.
L'Evénement au bal.	— Duclos et Ingouf.
Le Coucher.	— Duclos et Bosse.

Planches supplémentaires :

La Matinée.	— Bosse.
La Surprise.	— Ingouf.

— *Seconde suite d'estampes* pour servir à l'histoire des modes· et des costumes en France dans le dix-huitième siècle. Année 1776. Paris, Prault, 1776. In-folio. — Avec un discours préliminaire et une page de texte par gravure.

Cette suite contient les 12 figures suivantes par Moreau :

Déclaration de grossesse.	Gravées par Martini.
Les Précautions.	— id.
J'en accepte l'heureux présage.	— Trière.
N'ayez pas peur, ma bonne amie.	— Helman.
C'est un fils, Monsieur.	— Baquoy.
Les Petits parrains.	— Baquoy et Patas
Les Délices de la maternité.	— Helman.
L'Accord parfait.	— id.
Le Rendez-vous pour Marly.	— Guttenberg.
Les Adieux.	— Delaunay.
La Rencontre au bois de Boulogne.	— Guttenberg.
La Dame du palais de la reine.	— Martini.

L'éditeur de la Seconde suite en annonce une troisième, qu'il intitule : « Vie du Cavalier à la mode ou du petit-maître. » J'ignore si cette troisième suite est accompagnée de texte, en voici la liste :

Le Lever.	Moreau. Gravée par Halbou.
La Petite toilette.	— — Martini.

La Grande toilette.	— —	Romanet.
La Course des chevaux.	— —	Guttenberg.
Le Pari gagné.	— —	Camligue.
La Partie de wisch (*sic*).	— —	Dambrun.
Oui ou non.	— —	Thomas.
Le Seigneur chez son ermier.	— — ·	Delignon.
La Petite loge.	— —	Patas.
La Sortie de l'Opéra.	— —	Malbeste.
Le Souper fin.	— —	Helman.
Le Vrai bonheur.	—	Simonet.

Comme M. Monselet n'indique que 26 planches dans le « Monument du costume » et qu'il s'en trouve 36 dans les Suites d'estampes (plus deux supplémentaires), il me paraît n'avoir eu connaissance d'aucune des estampes de la première suite, qui est de Freudeberg, sauf de *la Surprise* et du *Matin*.

D'après un magnifique exemplaire appartenant à M. Meilhac, j'ai pu constater que les figures de Moreau existent dans quatre états : eau forte; avant la lettre; avec la lettre, le privilége (A. P. D. R.) et la date; avec la lettre, le privilége et la date effacée.

De même, les figures de Freudeberg existent dans quatre états : avant la lettre; avec la lettre, la tablette blanche et avant les numéros; avec la lettre, la tablette travaillée et avant le numéro; la tablette travaillée, avec la lettre et le numéro. En conséquence les estampes du « Monument du costume » sont du quatrième tirage.

RICCOBONI (Mme). *Œuvres complètes* de Madame Riccoboni, nouvelle édition, revue et augmentée par l'auteur et ornée de 24 figures en taille-douce. Paris, Volland, 1786. 8 vol. in-8.

Les figures, assez médiocres, sont de Brion de la Tour et Gravelot, mais celui-ci pour le 3e volume seulement. Il n'y a point de nom de graveur.

RICHER. *Théâtre du monde*, où, par des exemples tirés des auteurs anciens et modernes, les vertus et les vices sont en opposition. Paris, Nyon, 1775. 2 vol. in-8. — 20 figures par Moreau et Marillier, gravées par Dambrun, Delignon, Gaucher, de Ghendt, Helman, Langlois, Longueil et Simonet.

Belles illustrations; mais les épreuves sont très-fatiguées dans la réimpression en 4 vol. in-8 de 1787 et 1788, où Defer et Maisonneuve, les nouveaux éditeurs, ont mis de nouveaux titres aux deux premiers volumes et un nouvel avertissement.

ROBBÉ DE BEAUVEZET. *Mon Odyssée*, ou le Journal de mon retour de Saintonge. Poëme à Chloé. A La Haye, 1760. In-8. — 4 figures par Desfriches, gravées par Cochin, et 1 fleuron sur le titre par Boucher, gravé par Chedel.

Le fleuron avait déjà servi aux Nymphes de Diane, de Favart, en 1747.

ROCHON DE CHABANNES. *Heureusement*, comédie en un acte et en vers. Paris, Sébastien Jorry, 1762. In-12. — 1 jolie figure par Eisen, gravée par Delafosse.

ROMET. *Lettre de Pétrarque à Laure*, suivie de remarques sur ce poëte, etc. Paris, Sébastien Jorry, 1765. In-8. — 1 figure (médiocre) par Gravelot, gravée par Mme Pithoud.

ROSSET. *L'Agriculture*, poëme. Paris, de l'Imprimerie

royale, 1774. Grand in-4. — 1 frontispice par Saint-Quentin,
gravé par Legouaz; 1 fleuron sur le titre et 2 petites vignettes
ou fleurons dessinés et gravés par Marillier; 6 figures par de
Loutherbourg, gravées par de Ghendt, Leveau, Lingée et
Ponce, et 6 vignettes par Saint-Quentin, gravées par Hemery,
Leveau, Lingée et Ponce.

Illustrations admirables.

ROUCHER. *Les Mois*, poëme en douze chants, par M. Roucher. Paris, Quillau, 1779. 2 vol. grand in-4. — 5 très-belles
figures par Cochin, Marillier et Moreau, gravées par Gaucher,
Ponce et Simonet.

ROUSSEAU (Jean-Baptiste). *Œuvres diverses* de M. Rous-
seau. Nouvelle édition, revue, corrigée et augmentée par
lui-même. Enrichie de figures en taille-douce. Amsterdam,
François Changuion, 1729. 3 vol. in-12. — 2 frontispices par
Debrie et Picart, gravés par Bernards, et un titre gravé par
Picart pour le 3ᵉ volume, 2 fleurons sur les titres, dont l'un par
Duflos, et 8 figures par Debrie, gravées par Duflos, Bernards,
V. Gunst et Lacave.

Bonne éditon, assez jolie.

— *Œuvres* de Jean-Baptiste Rousseau, nouvelle édition,
revûe, corrigée et augmentée sur les manuscrits de l'auteur.
Bruxelles, 1743. 3 vol. grand in-4. — 1 fleuron sur le titre
des trois volumes, 12 vignettes, 57 culs-de-lampe et 12 lettres
ornées, dessinés et gravés par Cochin, d'une exécution très-
remarquable, mais trop souvent répétés.

Magnifique édition, digne en tout point du plus grand poëte
lyrique français. Malheureusement les épigrammes ne sont pas
au complet, comme dans l'édition précédente.

ROUSSEAU (Jean-Jacques). *Émile,* ou de l'Éducation, par J. J. Rousseau, citoyen de Genève. La Haye, Jean Néaulme, 1762. 4 vol. in-12. — 5 figures par Eisen, gravées par Le Grand, Longueil et Pasquier.

— *Lettres de deux Amants,* habitants d'une petite ville au pied des Alpes. Amsterdam, M. M. Rey, 1761. 6 parties en 4 vol. in-12. — 12 figures par Gravelot, gravées par Aliamet, Choffard, Flipart, Lemire, Lempereur, de Longueil, L'Ouvrier et A. de Saint-Aubin.
Les mêmes figures se trouvent dans l'édition suivante.

— *La Nouvelle Héloïse,* ou Lettres de deux Amants habitants d'une petite ville au pied des Alpes, recueillies et publiées par J. J. Rousseau. Nouvelle édition, revue, corrigée et augmentée de figures en taille-douce et d'une table des matières. Neufchâtel et Paris, Duchesne, 1764. 4 vol. in-8. — Les mêmes figures que dans l'édition précédente, et un superbe frontispice par Cochin, gravé par de Longueil.

— *Œuvres* de M. Rousseau de Genève, nouvelle édition, revue, corrigée et augmentée de plusieurs morceaux qui n'avoient point encore paru. Neufchâtel, 1764. 6 vol. in-8. — 1 portrait de Rousseau par De la Tour, gravé par Littret, et 4 frontispices par Gravelot, Eisen, Cochin (probablement) et Pigalle, gravés par Cochin, Lemire et Longueil.
Le frontispice qui représente une scène du Devin du village, par Gravelot, gravé par Lemire, est peut-être un des plus jolis qu'il ait jamais faits. Le sixième volume est intitulé : *l'Esprit, les maximes et les principes de Rousseau.* Il s'y trouve encore un portrait de Rousseau.

— *Collection complète* des œuvres de J. J. Rousseau. Londres (Bruxelles), 1774-1783. 12 vol. in-4. — 12 fleurons sur les titres, par Choffard, Le Barbier et Moreau, gravés par eux-mêmes, Dambrun et Leveau ; et 38 figures par Moreau et Le Barbier, gravées par Choffard , Dambrun, Delaunay aîné, Delaunay jeune, Duclos, Duflos, Halbou, Ingouf, Lemire, Leveau, Martini, Romanet, Saint-Aubin, Simonet et Trière.

Cette édition n'a d'autre mérite que d'être ornée des figures de Moreau et Le Barbier, qui sont de la plus grande beauté, surtout lorsqu'on peut s'en procurer de belles épreuves. Les unes sont avec la lettre, les autres sans.

Les figures de cette édition se trouvent réduites et avec quelques changements dans les éditions suivantes :

1º *Œuvres complètes* de J. J. Rousseau, classées par ordre de matières. Paris, Poinçot, 1788-93. 39 tomes en 38 vol. in-8, avec 90 figures ;

2º *Les mêmes.* Paris, 1791. 40 vol. in-12. — 23 figures d'après Moreau et Marillier ;

3º L'édition de Cazin, in-18, ou tirée in-12 sur grand papier ;

4º L'édition de Bozérian en 1796-1801. 23 vol. grand in-8, papier vélin.

On place dans cette édition 64 gravures par et d'après Moreau et autres artistes, gravées par Dupréel, Delignon, etc. Je n'entre pas dans plus de détails sur ces figures, dont beaucoup sont charmantes, parce qu'il y en a un certain nombre qui appartiennent à ce siècle-ci.

— *Œuvres* de J. J. Rousseau, citoyen de Genève. Édition ornée de figures et collationnée sur les manuscrits originaux de l'auteur, déposés au Comité d'instruction publique. Paris, Defer de Maisonneuve, imprimerie de Didot jeune, 1793-1800. 18 vol. très-grand in-4, papier vélin. — Portrait par de Gault, gravé par Langlois ; 5 frontispices par Cochin et Monsiau, et 29 figures (en tout 35 figures) par Cochin, de Ghendt, Monsiau et Pauquet, gravées par Choffart, Dambrun, Delaunay, Delvaux, Dupréel, de Ghendt, Halbou, Ingouff, Le Beau, Le Mire, Patas, Pauquet, Pilman, Ponce, Thomas et Trière. En outre il y a 24 planches de musique et une lettre gravée.

Malgré le jugement de Brunet, les figures sont en général très-belles.

S

SAINT-AIGNAN (De). *La Foutro-manie*, poëme lubrique, suivi de plusieurs autres pièces dans le même genre. Londres (Paris, Cazin), aux dépens des amateurs, 1780. In-18. — Frontispice et 8 figures libres. Le frontispice et les 6 premières figures, qui n'ont que très-peu de rapport avec les chants en tête desquels elles sont placées, sont de Borel, gravées par Éluin, non signées. Elles sont d'une beauté et d'une finesse remarquables. Les 2 dernières, très-inférieures, sont d'une autre main.

Ce livre, pour être complet, doit être suivi de la « Confédération de la Nature », dont la pagination continue, et qui manque dans beaucoup d'exemplaires. Voyez à *Confédération*.

SAINT-AUBIN. *Le Désaveu de la nature*. Nouvelles lettres en vers. Londres et Paris, Fetil, 1770. Grand in-8. — 1 figure et 2 vignettes par de Sève, gravées par Massard et Née. La seconde vignette n'est pas signée.

SAINT-LAMBERT (De). *Les Saisons*, poëme. Amsterdam,

1769. In-8. — 5 figures par Gravelot et Le Prince, gravées par Delaunay, Prévost, Rousseau, Saint-Aubin et Watelet; 1 fleuron sur le titre et 4 vignettes par Choffard.

— *Les Saisons*, poëme. Septième édition. Amsterdam, 1775. Grand in-8. — 5 belles figures par Moreau, gravées par De Launay, Duclos, Prévost et Simonet; 1 fleuron sur le titre et 4 vignettes par Choffard. Ce poëme est suivi de trois contes, de poésies fugitives et de fables orientales. Les trois contes sont ornés de 2 figures par Moreau, gravées par Lebas et Prévost. (En tout, 7 figures.)

Il existe des exemplaires avec des figures avant la lettre. Tous sont imprimés sur papier de Hollande.

SAINTE BIBLE (La), contenant l'*Ancien* et le *Nouveau Testament*, traduite en françois sur la Vulgate par M. Le Maistre de Saci, ornée de 300 figures gravées d'après les dessins de M. Marillier. Paris, Defer de Maisonneuve, de l'imprimerie de Monsieur (et plus tard de Didot), 1789-an XII (1804).

— Les 300 figures, dont 204 pour l'Ancien Testament et 96 pour le Nouveau, ont été gravées par Dambrun, Delaunay aîné, Delaunay jeune, Delignon, Delvaux, Dupréel, de Ghendt, Giraud jeune, Halbou, Hubert, Lebeau, Patas, Petit, Ponce, Trière, Varin et Viguet.

Dans le tirage in-4 il y a des cadres aux figures, qui sont avant la lettre.

SCARRON. *Œuvres* de M. Scarron, nouvelle édition, revue, corrigée et augmentée de quantité de pièces omises dans les éditions précédentes. Amsterdam, Wetstein, 1752. 7 vol. in-16. — 1 portrait de Scarron, 1 fleuron qui sert pour les titres des sept volumes, et 6 figures par Paetr et Dubourg, gravés par Folkéma.

— *Le Roman comique*, par Scarron. Édition ornée de figures dessinées par Le Barbier et gravées sous sa direction. De l'imprimerie de Didot jeune, à Paris, Janet, an IVe (1796). — 1 portrait gravé par Lemire et 12 figures gravées par Baquoy, Dambrun, Duclos, Hubert, Petit, Romanet et Simonet.

Il en existe sur papier vélin et avec les figures avant la lettre.

SECOND (Jean). Voyez *Tibulle*.

SEDAINE. *Les Femmes vengées,* opéra-comique en un acte et en vers, par M. Sedaine, la musique de M. Philidor. Paris, Musier, 1775. In-8. — 1 figure par Cochin, gravée par Lingée.

— *Le Jardinier et son Seigneur*, opéra-comique en un acte, en prose, mêlé de morceaux de musique, etc., par M. Sedaine, la musique de M. Philidor. Paris, Claude Hérissant, 1761. In-8. — 1 figure par G. de Saint-Aubin, gravée par A. de Saint-Aubin.

— *La Tentation de saint Antoine*, ornée de figures et de musique. Londres (Paris, Cazin), 1782. In-18. — 1 frontispice et 8 figures, dont deux ou trois un peu libres, par Borel, gravées par Éluin (non signées).

Cet ouvrage est suivi de :

Pour le jour de Saint-Pierre. Londres, 1782. In-18. — 1 figure (libre).

Le plus souvent on trouve à la suite :

Le Pot-pourri de Lot (par Lalmand), orné de figures et de musique. Londres, 1782. In-18. — 1 frontispice et 8 figures, dont 2 ou 3 un peu libres.

La première édition de la *Tentation* et du *Pot-pourri* (sans saint Pierre) est de 1781, in-8, avec les mêmes figures, dont celles que j'ai décrites ne sont que la réduction. Ces deux facéties ont été réimprimées à Londres (Paris) en 1786, in-8, également ; mais les figures ont des numéros et le texte est gravé.

SHAKESPEAR. *The Works of Shakespear* in six volumes carefully revised and corrected by the former editions, and adorned with sculptures designed and executed by the best hands. Oxford, printed at the Theatre. 6 vol. in-4. — 1 portrait de Shakespear gravé par Gravelot, 2 frontispices avec le portrait de Shakespear par Gravelot, représentant des monuments funéraires ; 36 figures par Hayman et Gravelot, toutes gravées par celui-ci, et 2 culs-de-lampe par Gravelot, servant l'un dix fois et l'autre quatorze.

Superbe édition.

SWIFT (Jonathan). *Voyage de Gulliver.* Paris, Didot l'aîné, 1797. 4 vol. in-18. — 1 frontispice et 9 jolies figures par Lefebvre, gravées par Masquelier.

Existe aussi sur papier vélin et grand papier vélin, et les figures avant la lettre.

— *Le Conte du Tonneau,* contenant tout ce que les arts et les sciences ont de plus sublime et de plus mystérieux, etc., par Jonathan Swift, Doïen de Saint-Patrick en Irlande. Traduit de l'anglois. La Haye, Henri Scheurleer, 1732, 2 vol. in-12.

— 1 frontispice, 1 fleuron sur le titre des 2 premiers volumes et un autre pour le 3ᵉ, 1 écusson et 6 figures très-originales, non signées, dont 5 dans le 1ᵉʳ volume et 1 dans le second. Le 3ᵉ, qui n'en a pas, a pour titre : Traité des dissensions, etc. Amsterdam, 1733.

T

ASSE (Le). *La Gerusalemme liberata di Torquato Tasso.* Parigi, 1771, Delalain, Durand Molini. 2 vol. grand in-8, sur papier de Hollande. — 2 frontispices avec le portrait du Tasse et de Gravelot, 2 titres gravés avec fleurons, une dédicace avec vignette, 20 figures, 9 grands culs-de-lampe à la fin des chants, 14 petits culs-de-lampe en tête des chants, et 20 vignettes avec portraits, le tout par Gravelot, gravés par Baquoy, Duclos, Henriquez, Lingée, Massard, Mesnil, Née, Patas, Ponce, Rousseau, Le Roy, Simonet et Leveau.

Très-belle édition. Superbes illustrations. Cet ouvrage a été aussi tiré in-4.

La traduction en français, avec de moins bonnes épreuves, est intitulée : *Jérusalem délivrée*, poëme du Tasse, nouvelle traduction. Paris, Musier, 1774. 2 vol. grand in-8.

— *La Gerusalemme liberata di Torquato Tasso*, seconda edizione coi rami dell' edizione di Monsieur (je n'ai jamais eu l'occasion de voir la première édition, tirée à 200 exem-

plaires). Paris, Didot l'aîné, sans date (1783). 2 vol. in-4.
— 1 frontispice et 40 figures par Cochin, gravées par Dambrun, Delaunay, Delignon, Duclos, Lingée, Patas, Ponce, Prévost, A. de Saint-Aubin, Simonet, Tilliard, Trière et Varin.

Dans la première édition les figures sont avant la lettre; dans la seconde, les figures, encore très-belles, sont avec la lettre en italien; mais dans la traduction française, avec la lettre en italien et en francais; les épreuves sont très-inférieures.

Livre superbe. Admirables illustrations. Les dessins originaux de Cochin, augmentés de plusieurs vignettes qui n'ont jamais été gravées, se sont vendus, splendidement reliés par Lortic en maroquin orange doublé de maroquin vert, avec larges dentelles et petits fers, mosaïque et gardes de moire verte, 5105 francs à la vente de M. Grésy, en mai 1869.

TÉRENCE. *Les Comédies de Térence*, traduction nouvelle, avec le texte latin à côté et des notes, par M. l'abbé Le Monnier. Paris, Jombert, 1771. 3 vol. in-8. — 1 frontispice et 6 très-belles figures par Cochin, gravées par Choffard, Prévost, Rousseau et Saint-Aubin.

Les estampes existent avant la lettre.

TESSIN (Le comte de). *Faunillane, ou l'Infante jaune*, conte. A Badinopolis, chez les frères Ponthommes, à l'enseigne du Roi d'Égypte, 1741. In-4, et réduit en in-12 en 1743. Cet ouvrage contient les figures qui ont depuis servi à Acajou et Zirphile de Duclos. (Voyez.)

Les amateurs qui tiennent spécialement à la beauté des

épreuves devront donc préférer Faunillane à Acajou et Zirphile, parce qu'elles y sont incomparablement plus belles.

THÉOPHRASTE. *Les Caractères* de Théophraste et de La Bruyère, avec des notes par M. Coste. Paris, Hochereau et Panckoucke, 1765. Grand in-4. — 1 superbe portrait de La Bruyère par Saint-Jean, gravé par Cathelin, 1 fleuron sur le titre, 3 vignettes et 1 cul-de-lampe par Gravelot, gravés par Duclos et Lebas. (La plupart des vignettes ne portent pas de signature.)

THOMPSON. *Les Saisons*, poëme, traduit de l'anglois de Thompson. Paris, Chaubert, 1759. In-12. — 1 frontispice, 4 figures et 4 culs-de-lampe par Eisen, gravés par Baquoy.

Ce poëme a paru en 1779, Paris, Pissot et Nyon, avec les mêmes figures tirées sur grand in-8. Les figures ne sont pas les meilleures d'Eisen.

— *Les Saisons*, poëme, traduit de l'anglais de Thompson, édition ornée de figures dessinées par Le Barbier et gravées sous sa direction. Paris, Didot, 1796. In-8, papier vélin. — 4 figures de Le Barbier, gravées par Baquoy, Dambrun, Dupréel et Patas.

Les beaux exemplaires ont les figures avant la lettre.

TIBULLE, CATULLE et GALLUS. Traduction en prose de Catulle, Tibulle et Gallus, par l'auteur des Soirées helvétiennes et des Tableaux (de Pezay). Amsterdam et Paris, Delalain, 1771. 2 vol. grand in-8, latin et français en regard. — Un frontispice d'Eisen, gravé par de Longueil, placé dans chaque volume.

TIBULLE. *Élégies de Tibulle*, avec des notes et recherches de mythologie, d'histoire et de philosophie; suivies des Baisers de Jean Second, traduction nouvelle, adressée du donjon de Vincennes, par Mirabeau l'aîné, à Sophie Ruffey, avec 14 figures. Tours, Letourmy, et Paris, an III (1795). 5 vol. in-8. — Le portrait de Mirabeau par Borel, gravé par Voysard, celui de Sophie par Borel, gravé par Éluin, et 12 figures dont 11 par Borel, gravées par Éluin (non libres), et 1 par Marillier, gravée par Dupréel.

Cette édition se trouve aussi sur papier vélin et sur grand papier vélin (très-rare) et les figures avant la lettre. Les figures sont assez belles.

TRESSAN. *Histoire* du petit Jehan de Saintré et de la Dame des belles-cousines, extrait de la vieille chronique de ce nom par M. de Tressan. Paris, Didot jeune, 1791. In-18. — 4 figures par Moreau, gravées par Dambrun, Halbou et de Longueil.

Ce livre existe aussi sur papier vélin et grand papier vélin, avec les figures avant la lettre.

— *Histoire* de Gérard de Nevers et de la belle Euriante sa mie, par Tressan. Édition ornée de figures en taille-douce, dessinées par Moreau le jeune. Paris, Didot jeune, 1792. In-18. — 4 figures par Moreau, gravées par Dupréel, de Ghendt, Malbeste et Simonet.

Ce livre existe aussi sur papier vélin et grand papier vélin, avec les figures avant la lettre.

— *Histoire* de Huon de Bordeaux, par Tressan; édition ornée de figures en taille-douce. De l'imprimerie de Didot jeune,

Paris, Deterville, l'an VII (1799), in-8. — 3 figures par Challiou, gravées par Coiny et Perdoux.

Existe sur papier vélin et sur grand papier vélin avec les figures avant la lettre.

— *Histoire* de Tristan de Léonois et de la reine Yseult, par Tressan ; édition ornée de figures en taille-douce. De l'imprimerie de Didot jeune. Paris, Deterville, l'an VII (1799). 2 vol. in-18. — 5 figures par Berthon, gravées par Godefroy.

Existe sur papier vélin avec les figures avant la lettre.

— *Roland l'Amoureux*, de Matheo-Maria Boyardo (*sic*), comte de Scandiano. Édition ornée de figures en taille-douce, dessinées par Moreau le jeune. Paris, Dufart. An IV (1796). 2 vol. in-18, papier vélin. — 2 frontispices et 2 figures non signées.

TURPIN. *Cyrus*, précédé d'une lettre de l'auteur, par M. Turpin. Paris, 1775. In-8. — 1 figure médiocre par Lang, gravée par Patas.

U

USSIEUX (D'). *Le Décaméron français*, par M. d'Ussieux. Paris, Costard, 1772. 2 vol. in-8. — Le
titre du second volume, qui est gravé, porte le
nom du libraire Dufour. — 15 figures, 2 fleurons,
17 vignettes et 15 culs-de-lampe par Caresme, Clère, Desrais, Eisen et Martini, gravés par Baquoy, Bradel, Delvaux,
Fessard, Gaucher, Godefroy, Masquelier, Patas, Ponce et
Mme Ponce.

Belle édition, belles illustrations. Il existe des exemplaires
sur grand papier.

— *Les Héros français*, ou le Siége de Saint-Jean-de-Lone,
drame héroïque en trois actes et en prose, suivi d'un précis
historique de cet événement par M. d'Ussieux. Amsterdam et
Paris, Lejai, 1774. In-8. — 1 figure par Eisen, gravée par
Gaucher.

— *Nouvelles françaises*, par M. d'Ussieux. Amsterdam et
Paris, Brunet, 1775. In-8. — 2 figures et 2 vignettes par
Martini, gravées par Gaucher et Marguerite Ponce, et 1 cul-
de-lampe dessiné et gravé par Martini.

V

VADÉ. *La fileuse*, parodie d'Omphale, par M. Vadé. Paris, Duchesne, 1752. In-8. — 1 superbe portrait de Vadé par Richard, gravé par Ficquet.

— *La Pipe cassée*, poëme épitragipoissardihéroïcomique. A la Liberté, chez Pierre Bonne-Humeur, avec permission du public, s. d. In-12. — 4 vignettes par Eisen, gravées par Aveline et Sornique.

VALCAVI. *Numismata virorum illustrium ex Barbadica gente.* Patavii (Padoue), ex typographia Seminarii, 1732, et un supplément daté de 1760. In-folio. — 1 frontispice, 1 fleuron sur le titre, 86 vignettes représentant, sauf la première, des médailles au milieu de superbes ornements, 87 culs-de-lampe et 85 lettres ornées, dessinés et gravés par Robert Van Audernaert, qui a signé R. V. A. Gand.

Magnifique ouvrage, commandé par le cardinal Barbarigo et dont Valcavi a écrit le texte. Chose très-rare, toutes les illustrations, jusqu'aux lettres ornées, sont différentes.

VIRGILE. *Géorgiques* (Les) de Virgile, traduction nouvelle en vers français, enrichie de notes et de figures, par M. Delille, etc. Paris, Bleuet, 1770. Grand in-8. — 4 figures par Eisen, gravées par Longueil.

— *L'Eneide di Virgilio*, del commendatore Annibal Caro. Parigi, Vᵉ Quillau, 1760. 2 vol. In-8. — 2 portraits, 2 titres, 12 figures. 12 vignettes et 6 culs-de-lampe par Zocchi (sauf la figure du 10ᵉ livre, qui est de Prévost), gravés par Chenu, Defehrt, Lempereur, Leveau, Pasquier, Prévost et Tardieu. Le portrait de Virgile est gravé par Fiquet, et celui de Caro par Defehrt.

— *Œuvres de Virgile*, traduites en français, le texte vis-à-vis la traduction, avec des remarques par M. l'abbé Desfontaines, Nouvelle édition. Paris, Plassan. 1796. 4 vol. grand in-8. — 1 portrait par Dupréel et 16 figures par Moreau et Zocchi, gravés par Bacquoy, Dambrun, Delignon, Delvaux, Duhamel, Dupréel, Halbou, Pons et Thomas.

L'in-8 a été tiré sur papier ordinaire et sur papier vélin. Il existe des exemplaires grand in-4 sur papier vélin avec les figures avant la lettre; mais plusieurs de Zocchi sont de nouveaux tirages de l'édition italienne.

VOISENON. *Romans et Contes* de M. l'abbé de Voisenon, nouvelle édition, considérablement augmentée et seule conforme à l'édition in-8 des œuvres de l'auteur, publiée d'après ses manuscrits. Paris, Bleuet, an VI (1798). 2 vol. In-18. — 3 figures par Quéverdo.

VOLTAIRE. *La Henriade*, nouvelle édition. Paris, Vᵉ Duchesne, 1770. 2 vol. in-8. — 1 frontispice, 10 figures et 10 vignettes par Eisen, gravés par Longueil.

Ces illustrations n'ajoutent rien à la réputation d'Eisen, mal-

gré la lettre flatteuse de Voltaire à cet artiste qui se trouve dans
le premier volume. Le second n'a pas de gravures et contient
les autres poëmes de Voltaire. Il faut choisir les exemplaires
où les figures sont avant la lettre.

— *La Henriade*, poëme, suivie de quelques autres poëmes de
Voltaire. De l'imprimerie de la Société typographique, 1789.
Grand in-4, papier vélin.

Deux suites de figures ont été faites pour cette édition. L'une,
par Moreau, contient 10 figures, gravées par Dambrun, Delaunay, Duclos, Guttenberg, Helman, Lingée, Patas, Romanet,
Simonet et Trière, plus 1 portrait d'Henry IV, par Pourbus,
gravé par Tardieu. L'autre suite, par Quéverdo, contient 12 figures, gravées par Delignon, Halbou, Longueil.

Les figures de Moreau sont les mêmes que celles des œuvres
de Voltaire de l'édition de Khell, grandies.

— *La Pucelle d'Orléans*, poëme divisé en vingt et un chants,
avec les notes de M. de Morza, 1773. In-8. — 21 figures assez
jolies, non signées.

— *La Pucelle d'Orléans*, poëme héroï-comique en dix-huit
chants. Genève (Cazin), 1777. In-18. — Portrait de Jeanne
d'Arc, frontispice représentant Voltaire assis et Jeanne d'Arc
debout, et 18 figures, *jolies, mais trop libres,* comme a naïve-
ment dit Brunet, par Borel, gravées par Éluin, non signées.

Il existe des exemplaires en grand papier, format in-12, extrêmement rares. C'est pourtant ceux-ci qu'il faut tâcher de se
procurer, parce que sur tous ceux du format in-18 le haut des
gravures, où se lit : Book 1, Book 11, etc., est coupé.

— *La Pucelle d'Orléans*, poëme en vingt un chant, avec des
notes, auquel on a joint plusieurs pièces qui y ont rapport. A

Londres (Paris, Cazin), 1780. 2 vol. In-18. — 1 frontispice et 21 jolies vignettes, par Duplessi-Bertaux, non signées.

Cette édition existe aussi en grand papier ; ce dernier est assez rare.

— *La Pucelle d'Orléans*, poëme en vingt un chants Édition ornée de figures gravées par les meilleurs artistes de Paris. Paris, Didot le jeune, an III (1795). 2 vol. In-folio, papier vélin. — Portrait d'Agnès Sorel, dessiné et gravé par Gaucher, et 21 figures par Le Barbier, Marillier, Monnet et Monsiau, gravées par Baquoy, Choffard, Delignon, Delvaux, Duhamel, Dupréel, Lemire, Lingée, Malbéte, Patas, Pauquet, Ponce et Romanet.

Magnifique édition, illustrations superbes, surtout lorsque les gravures sont avant la lettre. Ces mêmes gravures, auxquelles on a enlevé les cadres, ont servi plus tard à une édition in-8.

— *Romans et Contes* de M. de Voltaire. Bouillon, aux dépens de la Société typographique, 1778. 3 vol. In-8. — 1 fleuron sur le titre qui sert aux trois volumes, 13 vignettes par Monnet, gravées par Deny, et 58 figures par Marillier, Martini, Monnet et Moreau, gravées par Baquoy, Châtelain, Deny, Dambrun, Lorieux, Patas, Vidal, et Élisabeth Thiébault, et 1 portrait par de la Tour, gravé par Cathelin.

Très-belles illustrations, pourvu que les gravures soient avant les numéros. La figure de Monnet dans Candide, représentant es deux jeunes filles poursuivies par des singes, existe découverte.

— *Œuvres* de M. de Voltaire, nouvelle édition, revue, corrigée et considérablement augmentée, avec des figures en taille-douce. Amsterdam, Jacques Desbordes, 1739. 4 vol. In-8.— 1 frontispice, 2 fleurons sur les titres, tous deux répé-

tés, et 18 figures assez belles, par de Brie, de Troy et Vleughels, gravées par Duclos, Folkéma, Lacave, Patter, Philip et
Tanjé.

Se trouve sur grand papier de Hollande.

— *Collection complète* des œuvres de M. de Voltaire. Genève,
1768. 30 vol. In-4 (sans compter les volumes de la Corres-
pondance). — 1 frontispice, 4 portraits et 45 figures par Gravelot, gravées par Delaunay, de Lorrain, Duclos, Flipart, Helman, Le Vasseur, Leveau, de Longueil, Masquelier, Massard,
Née, Ponce, Rousseau, Simonet et Tillière. Les portraits sont
de Jannet, de la Tour et Gavelle.

— *Œuvres* de Voltaire. (Cette édition, également de Genève, ne porte point le titre d'œuvres. Les différents genres
d'ouvrages sont distingués par leurs noms : La Henriade, œuvres dramatiques, La Pucelle, etc.) 1775. 40 vol. In-8. Texte
encadré. — 10 figures pour la Henriade par Martinet, le portrait de Voltaire par de la Tour, gravé par Martinet, et celui de
Henri IV par Jannet, gravé par Giraud ; un frontispice et 38 figures pour le théâtre, presque toutes des réductions de Gravelot,
gravées par Martinet et Châtelain, sauf une par Marillier, gravée par Élisabeth Thiébault ; pour la Pucelle, 1 frontispice et
21 belles figures, non signées, dont trois ou quatre un peu
libres ; et 2 très-mauvais portraits pour les siècles de Louis XIV
et de Louis XV.

— *Œuvres complètes* de Voltaire. De l'imprimerie de la Société typographique (à Khell), 1784-1789. 70 vol. In-8, ou
92 vol. In-12.— 111 figures réparties comme suit :

16 portraits : Henri IV, par Pourbus ; Charles VII, Agnès
Sorel, par Moreau ; Dunois, Louis XIV, par Moreau ; Louis XV,
par Vanloo ; Charles XII, Pierre le Grand, par Caravaque ; Fré-

déric le Grand, par Vanloo ; Catherine II, d'Alembert, par de la Tour ; le comte d'Argental (ce portrait ne se trouve pas dans tous les exemplaires), la marquise du Châtelet, par Marie Anne Loir, et 3 portraits de Voltaire, par Largillier, de la Tour et Moreau, d'après Houdon ;

2 frontispices, dont l'un avec le portrait de Frédéric Guillaume par Pourbus, et l'autre avec le buste de Voltaire par Moreau ;

44 figures pour le Théâtre ;

10 — pour la Henriade ;

21 — pour la Pucelle ;

4 — pour les Contes en vers ;

14 — pour les Romans.

Plus un tableau gravé des œuvres de Voltaire dans le tome 70.

Les figures sont de Moreau ; la gravure a été exécutée par Baquoy, Croutelle, Dambrun, Delaunay, Delaunay jeune, Delignon, Duclos, Fosseyeux, Gettemberg, Halbou, Helman, Langlois, Lemire, Leveau, Lingée, de Longueil, Masquelier, Maviez, Patas, Romanet, Simonet, Tardieu et Trière.

Les figures se placent généralement dans les exemplaires tirés sur grand papier fin et sur grand papier vélin. Il en existe des suites avant la lettre, très-rares. Le nom de Moreau y est le plus souvent tracé à la pointe sèche. Elles sont, du reste, très-belles.

En 1802, sous la direction de Renouard, Moreau fit une seconde suite de 146 figures pour les œuvres de Voltaire. Je n'entrerai dans aucun détail sur cette nouvelle collection, très-inférieure en tout point à l'ancienne, parce qu'elle n'appartient plus au XVIIIe siècle.

VOYAGES *imaginaires*, songes, visions et romans cabalis-
tiques, ornés de figures. Amsterdam et Paris, 1787-1789.
39 vol. In-8. — 76 figures par Marillier, gravées par Berthet,
Borgnet, Croutelle, Delignon, Delvaux, de Ghendt, Le Villain,
Langlois, Delaunay, Giraud, Patas, Maillet, Dambrun, de Val-
nay, Viguet et Mme de Monchy.

WATELET. *L'Art de peindre*, poëme, avec des réflexions
sur les différentes parties de la peinture, par M. Watelet, asso-
cié libre de l'Académie royale de peinture et de sculpture. Paris, Guérin et de la Tour. 1760. Petit in-8.— 1 frontispice, 1
fleuron, 5 vignettes, 8 médaillons et 6 culs-de-lampe par Pierre,
gravés par Watelet; 4 culs-de-lampe par Marguerite Lecomte,
plus une figure au trait par Pierre, gravée par Watelet.

— *Silvie .... scribere jussit amor*. Ovid. Londres. (Paris).
1743. Petit in-8. — 1 frontispice, 8 figures, 1 fleuron, 4 vignettes et 2 culs-de-lampe non signés, dessinés par Pierre,
gravés à l'eau-forte par Watelet et terminés par Cochin. La
dernière figure est complétement gravée par Cochin.

Ces renseignements sont dus au catalogue de l'œuvre de
Cochin, par Jombert.

WIELAND. *Musarion*, ou la Philosophie des grâces, poëme
en trois chants de Wieland, traduit de l'allemand par M. de
Laveaux. Basle, 1780. In-8. — 1 frontispice, 3 figures et
3 culs-de-lampe par Saint-Quentin, mal gravés par Holzhalb.
Existe sur grand papier de Hollande.

Z

ZACHARIE. *Les quatre Parties du jour*, poëme traduit de l'allemand de M. Zacharie (par Muller, sous le nom de Capitaine). Paris, Musier, 1769, grand in-8. — 5 figures, 4 vignettes et 4 culs-de-lampe par Eisen, gravés par Baquoy.

Les mêmes figures se trouvent dans une traduction de ce poëme en vers libres par l'abbé Aleaume. Paris, Leprieur, 1773, grand in-8.

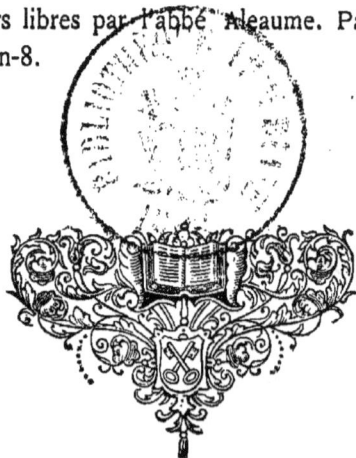

TABLE DES OUVRAGES

DÉCRITS DANS CE CATALOGUE.

Cette table ne donne point les ouvrages dont le nom est inséparable de celui de leur auteur, tels que : Œuvres de Molière, Contes de La Fontaine, Fables de Boisard, Métamorphoses d'Ovide, etc., qu'on trouvera aux auteurs mêmes, mais les ouvrages anonymes ou ceux qui ont des titres indépendants.

A

19

B

C

D

E

F

G

H

I

J

L

M

N

O

P

Q

R

S

T

V

Z

RECTIFICATIONS.

Page 1, ligne 5. *Lisez, au lieu de ce qui est :* 8 figures assez jolies, dont deux qui sont signées portent les noms d'Angletti et Gauffier comme dessinateurs, et Cunego et f^me Jourdan comme graveurs.

P. 5, l. 3. *Cette phrase pouvant paraître peu claire, il faut lire :*

Il faut remarquer que, dans l'édition française, l'ancienne suite contient deux figures de moins que dans l'édition italienne : ce sont celles du cinquième et du douzième chant, qui, n'étant pas bonnes et faisant véritablement tache à l'ensemble de cet ouvrage, ont été supprimées et remplacées par deux nouvelles figures de Moreau, gravées par Cochin.

P. 13, l. 10. *Il faut lire :* Dans l'exemplaire de la Bibliothèque impériale, Pygmalion fait suite, etc.

P. 32, l. 6 : 3 vol.; *lisez :* 4 vol.

Ibid., l. 9 : Fisquet, Pincsio; *lisez :* Ficquet, Pinssio.

P. 52, l. dernière : avant la lettre; *lisez :* avant le texte.

P. 78, l. 25 : d'Alferache; *lisez :* d'Alfarache.

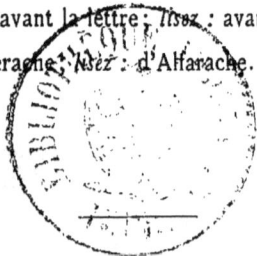

Achevé le Ier avril 1870

PAR D. JOUAUST, IMPRIMEUR

RUE SAINT-HONORÉ, 338

A PARIS.

www.ingramcontent.com/pod-product-compliance
Lightning Source LLC
Chambersburg PA
CBHW072033080426
42733CB00010B/1876